Éditrice : Caty Bérubé
Auteure : Jenna Quach
Directrice création de contenus : Laurence Roy-Tétreault
Chef d'équipe production éditoriale : Crystel Jobin-Gagnon
Chargée de contenus : Lauréanne Hallé
Rédactrice : Raphaële St-Laurent Pelletier
Chef d'équipe révision et assistance : Marie-Christine Bédard
Assistantes à la production : Julie Adams, Sarah Beauregard et Catherine Fortier.
Réviseures : Dominique Bélanger, Joanie Boutin, Stacy Breton, Sophie Lamontagne, Émilie Marcotte et Viviane St-Arnaud.
Chef du développement créatif, graphisme : Marie-Christine Langlois
Chef d'équipe production graphique : Annie Gauthier
Conceptrices graphiques : Sonia Barbeau, Sheila Basque, Marie-Isabelle Fortin, Marie-Chloë G. Barrette, Karyne Ouellet et Josée Poulin.
Directrice du studio : Christine Morin
Chefs cuisiniers : Benoit Boudreau (chef d'équipe), Richard Houde, Andrée-Ann Lachance, Sophie Lachance et Ariane Leclerc.
Stylistes culinaires : Geneviève Charron, Laurie Collin, Alexandra Guévin Thibault, Maude Grimard, Carly Harvey et Joséphine St-Laurent Pelletier.
Photographes : Vincent Bernard, Jean-Christophe Blanchet, Tony Davidson, Michaël Fournier, Rémy Germain, Valérie Laroche et Marie-Ève Lévesque (chef d'équipe).
Spécialiste en traitement d'images et calibration photo : Yves Vaillancourt
Maquilleuse : Marie Line Linteau
Collaboratrice : Céline Guérin

Mise en marché et marketing
Directeur ventes et distribution : David Gatteau
Directrice marketing : Vanessa Ross
Responsable développement des affaires – division livres : Raphaëlle Mirandette
Chef d'équipe logistique et entrepôt : Valérie Boivin
Responsable territoire : Lise Fortin
Commis d'entrepôt : Nancy Arteau, Angélique Bertuzzi, Martin Carrier et Normand Simard.
Distribution : Pratico-Pratiques inc. et Messageries ADP.
Impression : TC Interglobe

Administration
Présidente : Caty Bérubé
Vice-présidente opérations : Julie Doddridge
Vice-présidente ventes et marketing : Émilie Gagnon
Vice-présidente administration : Alexandra Poiré
Directrice des ressources humaines : Chantal St-Pierre
Technicienne aux ressources humaines : Anne-Sophie Fortin
Analyste comptable et chef d'équipe finances : Josiane Mailhot
Adjointe à la comptabilité et à la production : Carole Bélanger
Technicienne comptable : Sylvie Dion
Agente aux comptes recevables : Josée Pouliot
Adjointe administrative : Josée Lavoie

Catalogage avant publication de Bibliothèque et Archives nationales du Québec et Bibliothèque et Archives Canada
    Titre : Soupes asiatiques : cuisiner avec Jenna Quach / Jenna Quach.
    Noms : Quach, Jenna, 1990- auteur.
    Identifiants : Canadiana 20220018618 | ISBN 9782896589449 (couverture souple)
    Vedettes-matière : RVM : Cuisine asiatique. | RVM : Soupes. | RVMGF : Livres de cuisine.
    Classification : LCC TX724.5.A1 Q332 2022 | CDD 641.595—dc23
Dépôt légal : 4e trimestre 2022
Bibliothèque et Archives nationales du Québec
Bibliothèque et Archives Canada
ISBN 9782896589449

Gouvernement du Québec. Programme de crédit d'impôt pour l'édition de livres – Gestion SODEC

7710, boulevard Wilfrid-Hamel, Québec (QC) G2G 2J5
Tél. : 418 877-0259
Sans frais : 1 866 882-0091
Téléc. : 418 780-1716
www.pratico-pratiques.com

Commentaires et suggestions : info@pratico-pratiques.com

Cuisiner avec Jenna Quach

Soupes asiatiques

Table des matières

Légende

꠷   Soupe peu épicée
꠷꠷   Soupe épicée
꠷꠷꠷   Soupe très épicée

Mes soupes, mes origines

La cuisine asiatique fait partie de mes gènes, elle coule dans mes veines. Elle est tellement riche et diversifiée que je me fais un devoir, depuis plusieurs années déjà, de la faire connaître, de la partager, de l'enseigner. C'est par la cuisine que j'aime faire part de mes origines et faire découvrir les différents pays d'Asie.

Parmi mes plaisirs culinaires personnels, les soupes viennent tout en haut de la liste. J'adore l'idée que ce soit simple et léger tout en étant savoureux et tellement rassasiant. Quand Pratico Édition m'a approchée pour créer le recueil parfait de soupes de différents pays asiatiques, j'étais au septième ciel, tout simplement !

Peut-être que vous ne le saviez pas, mais *Soupes asiatiques* est mon deuxième livre de recettes. Il fait suite à *La vraie cuisine asiatique*, dans lequel j'ai présenté 95 recettes authentiques qui font voyager les papilles dans les différents pays de l'Asie, qui est si chère à mon cœur.

En Asie tout comme au Québec, les soupes font partie de la tradition gastronomique et sont synonymes de réconfort. C'était important pour moi de vous faire découvrir des soupes authentiques (comme celles que l'on trouve dans les restaurants) autant que des soupes méconnues ou originales. La plupart des recettes que je vous propose sont rapides à cuisiner tout en ayant le goût d'un bouillon longuement mijoté. Elles vous en feront voir de toutes les couleurs et de toutes les saveurs, je vous le promets !

C'est un véritable honneur de pouvoir vous transmettre, chers passionnés de cuisine asiatique, mon amour des soupes ainsi que mes connaissances. Merci à Pratico et à tous ceux et celles qui me permettent de vivre ces projets culinaires incroyables !

Mes ingrédients favoris pour des bouillons savoureux

Une bonne soupe asiatique dépend de la qualité de son bouillon de base. Avoir une bonne base permet de cuisiner des soupes uniques et riches en saveurs. Aucune ne ressemble à une autre !

Je préfère toujours concocter mon bouillon maison lorsque je cuisine les soupes. Rien ne peut battre le goût pur et authentique d'un bouillon mijoté et fait avec cœur. Lorsque je m'y mets, j'en prépare en grosse quantité et je congèle les restes en portions, qui se conservent de quatre à six mois au congélateur.

Chacune des recettes que contient ce livre a comme base un bouillon spécifique aux aromates distinctifs. Je vous fais découvrir mes ingrédients phares (et leurs substituts si vous n'en avez pas sous la main) pour des soupes asiatiques originales et pleines de goût !

Vous pouvez remplacer la plupart des ingrédients phares que je vous présente par un autre aromate. Dans certains cas, l'ingrédient est non substituable, et il vaut alors mieux l'éliminer de la recette.

« Je suis comme tout le monde et je manque parfois de temps pour préparer mes bases de bouillon. Dans ce cas, j'opte habituellement pour du bouillon de poulet biologique réduit en sodium et je l'agrémente des aromates nécessaires. »
- Jenna Quach

1 Poivre du Sichuan

Le poivre du Sichuan provient de la Chine et est couramment utilisé dans les plats issus de cette province. Son goût ressemble à un mélange d'anis étoilé et de girofle, mais il est plus poivré.

SUBSTITUT
- Poivre noir

2 Sauce aux fèves et au piment rouge (toban djan)

La sauce aux fèves et au piment rouge (toban djan) est une sauce originaire de Chine utilisée pour épicer les soupes et les sautés, tout en leur conférant un petit goût salé. Cette sauce est faite d'épices du Sichuan et de pâte de soya fermentée. Elle rend les plats plus riches au goût.

SUBSTITUT
- Sambal oelek
- Pâte de soya coréenne

3 Sambal oelek

Provenant d'Indonésie, le sambal oelek a su se démarquer et gagner en popularité dans le reste de l'Asie et dans le monde entier au cours des dernières années. Composé de piments rouges, d'ail, de sel, de poivre et d'un peu de vinaigre, il est couramment utilisé dans les soupes et les trempettes.

SUBSTITUT
- Sriracha

4 Pâte d'épices pour soupe tom yum

Provenant de la Thaïlande, la pâte d'épices pour soupe tom yum est une épice que l'on utilise très souvent dans les soupes thaïes. Avec son parfum de citronnelle, de feuilles de lime kaffir et de galanga, elle donne une belle touche acidulée.

SUBSTITUT
- Non substituable

5 Pâte de piments chili à l'huile de soya

La pâte de piments chili à l'huile de soya, typiquement thaïlandaise, apporte un goût umami vraiment exquis qui rehausse bien des plats. Ail, huile de soya, piments, crevettes, tamarin et paprika composent notamment ce mélange.

SUBSTITUT
- Non substituable

6 Pâte de piments rouges coréenne (gochujang)

Cette pâte de piments rouges coréenne (aussi nommée « sauce de piments amère ») a un goût de fumée et est très présente dans la cuisine de la Corée. Presque 90 % des plats et sautés en contiennent !

SUBSTITUT
- Piments forts coréens en poudre (gochugaru)
- Mélange maison de paprika fumé et de poudre de chili

7 Piments forts coréens en poudre (gochugaru)

Le gochugaru est une poudre produite à partir de piments coréens. Son goût est presque pareil à celui de la pâte de piments rouges coréenne (gochujang); par contre, sa texture est complètement différente.

SUBSTITUT
- Pâte de piments rouges coréenne (gochujang)
- Mélange de paprika fumé et de poudre de chili

8 Dashi en granules

Le dashi en granules est une base de bouillon de soupe japonais faite à partir de poisson ou d'algue kombu (une algue comestible), selon les marques. Il a un goût très salé et il faut y aller avec parcimonie quand on l'ajoute à nos plats. Il en faut peu pour donner beaucoup de goût !

SUBSTITUT
- Kombu trempé dans l'eau

9 Miso

Le miso est fréquemment utilisé dans la cuisine japonaise, d'où il provient. Il goûte un peu le poisson, bien qu'il soit composé principalement de fèves de soya fermentées mélangées avec du sel et du koji (ferment à base de grain ou de légumineuse).

SUBSTITUT
- Non substituable

10 Sauce sa cha

Ce condiment d'origine chinoise au goût distinct est fait à partir d'un mélange d'huile, d'ail, d'échalotes, de fruits de mer séchés et d'un peu de piment.

SUBSTITUT
• Non substituable

11 Pâte de sésame chinoise (zhi ma jiàng)

La pâte de sésame originaire de Chine a une texture de beurre d'arachide, mais avec un goût de sésame.

SUBSTITUT
• Tahini (beurre de sésame)

12 Huile infusée aux piments chili croustillants

L'huile infusée aux piments chili croustillants (de type Lao Gan Ma), nommée ainsi en raison de sa signification (« vieille grand-mère » en chinois), a été inventée par une grand-maman chinoise. Celle-ci a mélangé des piments séchés croustillants, de l'huile pimentée et du sel, ce qui donne à cette huile parfumée un goût distinctif qui rehausse n'importe quel plat.

SUBSTITUT
• Sriracha
• N'importe quel piment dans l'huile

13 Galanga

Le galanga – d'origine thaïlandaise – ressemble au gingembre, mais n'a pas du tout le même goût. Ne vous faites pas surprendre au marché ! Cette racine, que l'on achète entière, a un parfum plus sucré et un peu plus piquant que celui du gingembre. Le galanga est fréquemment utilisé dans les soupes du Sud-Est asiatique.

SUBSTITUT
- Galanga congelé, sec ou en poudre
- Gingembre (le goût ne sera pas du tout le même !)

14 Feuille de lime kaffir

La feuille de lime kaffir provient de la plante du citron vert. Elle est originaire d'Indonésie. Elle est très répandue dans les cuisines indonésienne, thaïlandaise, laotienne, cambodgienne et vietnamienne. Cette feuille est très parfumée et acidulée.

SUBSTITUT
- Feuille de lime kaffir séchée

15 Citronnelle

La citronnelle est une racine que l'on trouve dans beaucoup de plats originaires du Sud-Est asiatique. Elle a un parfum à la fois terreux et acidulé, qui donne vraiment beaucoup de goût aux soupes et aux marinades.

SUBSTITUT
- Citronnelle congelée, sèche ou en poudre

16

Crevettes émincées épicées

Cette préparation en conserve, que l'on achète dans les marchés asiatiques, s'utilise dans la soupe bún riêu et dans les plats vietnamiens. Elle est faite d'un mélange de crevettes séchées, d'herbes, d'oignons, d'ail, de citronnelle et d'un peu de piment. Combinés, ces ingrédients sont transformés en une pâte goûteuse qui donne une chaleur aux plats, sans être trop épicée.

SUBSTITUT
• Non substituable

17

Pâte de crevettes

La pâte de crevettes est une pâte fermentée avec du sel qui donne un goût bien particulier aux plats vietnamiens, thaïs et cambodgiens. Je vous préviens, la pâte a un parfum très désagréable, mais donne de délicieux résultats dans les soupes !

SUBSTITUT
• Sauce de poisson

18

Épices pour soupe bún bò huế

Faites votre mélange d'épices pour soupe bún bò huế en combinant à parts égales du paprika, de la poudre de chili, du gingembre moulu, de la poudre d'oignon et de la poudre d'ail.

SUBSTITUT
• Non substituable

19 Pâte laksa

La pâte laksa est l'un des ingrédients que l'on trouve souvent dans les soupes de Singapour. Elle est essentielle dans celles-ci et, comme pour les bouillons, je recommande d'en préparer une grande quantité que vous pourrez congeler par la suite.

SUBSTITUT
• Pâte laksa du commerce

PRÉPARATION 10 minutes • **TREMPAGE** 15 minutes • **QUANTITÉ** 1 portion • 》

2 à 4 piments chili de árbol séchés (facultatif pour une version moins épicée)

15 ml (1 c. à soupe) de crevettes séchées (facultatif si végétarien)

15 ml (1 c. à soupe) de pâte de cari rouge

15 ml (1 c. à soupe) de galanga émincé

15 ml (1 c. à soupe) de gingembre émincé

15 ml (1 c. à soupe) de citronnelle émincée

7,5 ml (½ c. à soupe) de poudre de cari de Madras

5 ml (1 c. à thé) de coriandre moulue

5 ml (1 c. à thé) de pâte de crevettes

2,5 ml (½ c. à thé) de cumin

2,5 ml (½ c. à thé) de curcuma (en poudre ou frais)

2,5 ml (½ c. à thé) de sel

5 noix de macadam ou de cajou

4 gousses d'ail

3 tiges de coriandre fraîche

1 échalote sèche (française) hachée

1. Préparer deux bols. Dans le premier, déposer les piments chili. Dans le second, déposer les crevettes séchées. Couvrir d'eau et laisser tremper 15 minutes.

2. Dans le contenant du mélangeur électrique, déposer les crevettes et les piments chili réhydratés ainsi que le reste des ingrédients. Mélanger jusqu'à l'obtention d'une purée lisse. Au besoin, ajouter un peu d'eau.

La pâte de crevettes est facultative, car elle sent très fort et tout le monde n'est pas à l'aise avec ce produit. On l'omet aussi pour une version végé !

Qu'est-ce que la fondue chinoise ?

La fondue chinoise, que l'on appelle aussi « hot pot », est un mets très populaire aux origines chinoises et mongoles. Avec le temps, plusieurs pays d'Asie se sont inspirés de cette méthode de préparation, y incorporant différents bouillons et ingrédients propres à leur pays. C'est ce que vous trouverez dans les pages qui suivent.

Lorsqu'on mange de la fondue, on s'attable, puis on cuit nos viandes, fruits de mer et légumes dans un bouillon savoureux et (surtout) réconfortant. La fondue chinoise se mange à longeur d'année, mais elle est particulièrement appréciée avec l'arrivée de l'automne et de l'hiver. Pour mieux profiter d'un bon hot pot, il est conseillé d'être au moins quatre personnes afin de bien partager ce repas, de ne pas avoir d'excès de nourriture et de nous permettre de goûter à différents ingrédients. Et puisque le hot pot requiert beaucoup de temps de préparation, du bouillon au lavage de légumes en passant par le coupage des viandes, la présentation et l'installation des plats, c'est toujours spécial de le manger en groupe !

Dans les épiceries asiatiques, on trouve beaucoup de bases de soupes déjà prêtes. Elles sont vraiment pratiques et rapides à utiliser. Pour la plupart, il suffit d'y ajouter de l'eau pour obtenir un délicieux bouillon. Toutefois, étant donné que certaines de ces bases ne sont pas toujours offertes dans certaines villes au Québec, une bonne solution serait de préparer son propre bouillon.

Les ingrédients et l'équipement à avoir

Lorsque je prépare une fondue chinoise, j'aime beaucoup opter pour la variété afin de satisfaire mon appétit. Traditionnellement, manger une fondue chinoise peut prendre plusieurs heures lorsqu'on savoure tout ce qui se trouve sur la table. Voici une liste d'épicerie que je me fais pour cette occasion et qui varie dépendamment du nombre de personnes qui dégusteront la fondue.

LÉGUMES
- Champignons enoki
- Pleurotes érigés (*king oyster*)
- Yu choys
- Bok choys ou mini-bok choys
- Choux nappa
- Cresson
- Racines de lotus

FRUITS DE MER
- Crevettes ou écrevisses
- Boulettes mixtes de fruits de mer (homard, poisson, crabe)
  Ces boulettes se trouvent exclusivement dans des épiceries asiatiques.
- Saumon
- Calmars ou bébés calmars

PROTÉINES
- Flanc de bœuf tranché
- Tranches d'agneau
- Tofu mi-ferme
- Boulettes de tofu
- Boulettes de bœuf

NOUILLES
- Nouilles udon surgelées
- Nouilles ramen
- Nouilles de riz
- Shirataki
- Gâteaux de riz coréens (tteokbokki)

Avec cette liste d'épicerie, votre *hot pot* sera plus que complet ! Assurez-vous aussi d'avoir l'équipement nécessaire, soit un réchaud portatif électrique, à gaz ou à induction, une casserole ainsi que des petites passoires pour récupérer les ingrédients plongés dans le bouillon.

Voici une dernière astuce pour concocter un *hot pot* avec succès : les bouillons. Je dis « les » bouillons, car j'aime en avoir deux : un plus léger et doux, par exemple un simple bouillon au poulet ou au porc auquel j'ajoute des oignons verts et des baies de goji, et un autre plus corsé et épicé, par exemple un bouillon tom yum épicé. Munissez-vous d'une casserole avec séparation au milieu afin d'y verser les deux sortes de bouillon.

Avec tout cela, je crois fortement que vous allez impressionner vos invités. Je vous souhaite de passer un merveilleux moment avec vos proches, à déguster, à discuter et à rire pendant des heures !

Les bases de soupes pour *hot pot*

Base de soupe classique

PRÉPARATION 1 heure • **CUISSON** 1 heure 5 minutes • **QUANTITÉ** 3 litres (12 tasses)

900 g (2 lb) d'os de fesses de porc

5 shiitakes

2 dattes rouges

125 ml (½ tasse) de baies de goji

4 oignons verts

15 ml (1 c. à soupe) de sel

1. Dans une grande casserole, porter 2 litres (8 tasses) d'eau à ébullition. Déposer les os de porc dans la casserole et blanchir 10 minutes. Égoutter. Rincer les os en s'assurant de retirer les impuretés et égoutter de nouveau.

2. Nettoyer la casserole, puis porter 3 litres (12 tasses) d'eau à ébullition. Cuire les os de porc, les shiitakes et les dattes 45 minutes à feu moyen à découvert, en retirant du bouillon les impuretés créées par les os plusieurs fois en cours de cuisson.

3. Ajouter les baies de goji, les oignons verts et le sel. Poursuivre la cuisson 10 minutes.

4. Transvider la préparation dans la casserole pour *hot pot*.

Base de soupe au poulet

*Voir la recette à la page 34

Base de soupe Sichuan (épicée)

PRÉPARATION 20 minutes • **CUISSON** 5 minutes • **QUANTITÉ** 3 litres (12 tasses) • 🌶🌶

30 ml (2 c. à soupe) d'huile végétale

1 morceau de gingembre de 5 cm (2 po) coupé en tranches

5 gousses d'ail hachées

1 bâton de cannelle

5 anis étoilés

3 clous de girofle

15 ml (1 c. à soupe) de poivre du Sichuan moulu

15 ml (1 c. à soupe) de flocons de piment

30 ml (2 c. à soupe) de sauce aux fèves et au piment rouge (toban djan) ou de sauce aux fèves de soya ou de sambal oelek

3 litres (12 tasses) de bouillon de poulet

15 ml (1 c. à soupe) de sel

1. Dans une poêle, chauffer l'huile à feu moyen. Saisir les tranches de gingembre 1 minute.

2. Ajouter l'ail et remuer. Ajouter la cannelle, les anis étoilés et les clous de girofle. Poursuivre la cuisson 2 minutes.

3. Ajouter le poivre du Sichuan, les flocons de piment et la sauce aux fèves. Remuer et poursuivre la cuisson 2 minutes.

4. Verser le bouillon de poulet et porter à ébullition. Ajouter le sel.

5. À l'aide d'une passoire, filtrer le bouillon au-dessus d'une casserole à *hot pot*.

Ne salez pas trop le bouillon, car au fur et à mesure que vous y plongerez les ingrédients de la fondue, il deviendra de plus en plus salé.

Base de soupe tom yum

PRÉPARATION 5 minutes • **CUISSON** 15 minutes • **QUANTITÉ** 2,5 litres (10 tasses) • ❭

2,5 litres (10 tasses)
de bouillon de poulet

4 tiges de citronnelle

200 g (environ ½ lb)
de galanga

20 feuilles de lime kaffir

30 ml (2 c. à soupe) de
pâte d'épices pour soupe
tom yum

30 ml (2 c. à soupe) de pâte
de piments chili à l'huile
de soya

30 ml (2 c. à soupe)
de sauce poisson

15 ml (1 c. à soupe) de sel

15 ml (1 c. à soupe) de sucre

2 limes (jus)

1. Dans une casserole, porter le
bouillon de poulet à ébullition.

2. Ajouter les tiges de citronnelle, le galanga et les feuilles
de lime kaffir. Laisser mijoter
5 minutes à feu élevé.

3. Ajouter la pâte d'épices pour
soupe tom yum et la pâte de
piments. Remuer. Réduire le
feu à moyen et poursuivre la
cuisson 5 minutes.

4. Ajouter la sauce poisson,
le sel et le sucre. Prolonger la
cuisson de 5 minutes.

5. À l'aide d'une passoire, filtrer
le bouillon au-dessus d'une
casserole à *hot pot*. Jeter la
citronnelle, le galanga et les
feuilles de lime. Ajouter le
jus des limes.

Base de soupe coréenne épicée

PRÉPARATION 5 minutes • **CUISSON** 15 minutes
QUANTITÉ 2,5 litres (10 tasses) • 〉〉

2,5 litres (10 tasses)
de bouillon de poulet

1 morceau d'algue kombu
(facultatif)

75 ml (5 c. à soupe) de
pâte de piments rouges
coréenne (gochujang)

37,5 ml (2 ½ c. à soupe) de
piments forts coréens en
poudre (gochugaru)

37,5 ml (2 ½ c. à soupe)
de sauce soya

45 ml (3 c. à soupe) de sucre

2,5 ml (½ c. à thé) de sel

1. Dans une casserole, porter
le bouillon de poulet à ébullition.

2. Ajouter le kombu et laisser
mijoter 10 minutes à feu moyen.

3. Ajouter la pâte de piments,
les piments forts coréens, la
sauce soya, le sucre et le sel.
Poursuivre la cuisson 5 minutes.

4. Transvider la préparation
dans la casserole pour *hot pot*.

Base de soupe style shabu-shabu (miso et dashi)

PRÉPARATION 5 minutes • **CUISSON** 15 minutes • **QUANTITÉ** 2,5 litres (10 tasses)

120 ml (8 c. à soupe) de miso

18,75 ml (1 ¼ c. à soupe) de dashi en granules

4 oignons verts

1. Dans une casserole, porter 2,5 litres (10 tasses) d'eau à ébullition.

2. Ajouter le miso et le dashi. Remuer. Réduire le feu à doux et ajouter les oignons verts. Laisser mijoter 15 minutes.

3. Transvider la préparation dans la casserole pour *hot pot*.

Base de soupe végétarienne

PRÉPARATION 5 minutes • **CUISSON** 45 minutes • **QUANTITÉ** 2,5 litres (10 tasses)

1 morceau de gingembre de 5 cm (2 po)

2 morceaux d'algues kombu ou 5 ml (1 c. à thé) de glutamate monosodique ou 5 ml (1 c. à thé) de bouillon de légumes déshydraté

10 shiitakes

5 gousses d'ail

75 ml (5 c. à soupe) de sauce soya

15 ml (1 c. à soupe) de sucre

4 oignons verts

1. Dans une casserole, porter 2,5 litres (10 tasses) d'eau à ébullition.

2. Ajouter le gingembre, le kombu, les shiitakes et l'ail. Réduire le feu à moyen.

3. Ajouter la sauce soya, le sucre et les oignons verts. Laisser mijoter au minimum 45 minutes à feu doux.

Les morceaux d'algue kombu sont essentiels dans cette recette.

Les sauces et trempettes pour fondue chinoise

Sauce barbecue chinoise

PRÉPARATION 5 minutes • **CUISSON** 1 minute • **QUANTITÉ** 1 portion

15 ml (1 c. à soupe) sauce sa cha

15 ml (1 c. à soupe) de sauce soya

5 ml (1 c. à thé) de sucre

5 ml (1 c. à thé) d'oignon vert ciselé

Graines de sésame au goût

1. Dans une petite casserole, chauffer la sauce sa cha 30 secondes à feu doux. Ajouter la sauce soya et remuer.

2. Ajouter le sucre et remuer. Poursuivre la cuisson 30 secondes.

3. Garnir la sauce d'oignon vert et de graines de sésame.

Sauce au sésame fumé

PRÉPARATION 5 minutes • **QUANTITÉ** 1 portion

15 ml (1 c. à soupe) de pâte de sésame chinoise (zhi ma jiàng) ou de tahini

45 ml (3 c. à soupe) de sauce soya

5 ml (1 c. à thé) d'huile de sésame

5 ml (1 c. à thé) de sucre

Graines de sésame au goût

1. Dans un bol, mélanger la pâte de sésame avec la sauce soya, l'huile de sésame, le sucre et 15 ml (1 c. à soupe) d'eau chaude.

2. Garnir la sauce de graines de sésame.

Sauce soya épicée

PRÉPARATION 5 minutes • **QUANTITÉ** 1 portion

30 ml (2 c. à soupe) de sauce soya

5 ml (1 c. à thé) de sucre

2,5 ml (½ c. à thé) d'huile de sésame

15 ml (1 c. à soupe) d'huile infusée aux piments chili croustillants (de type Lao Gan Ma) ou de sambal oelek ou de sriracha

1. Dans un bol, mélanger la sauce soya avec le sucre, l'huile de sésame et l'huile infusée aux piments chili.

Sauce à l'ail épicée

PRÉPARATION 5 minutes • **CUISSON** 1 minute
QUANTITÉ 1 portion

2 gousses d'ail hachées

1 oignon vert finement haché (parties blanche et verte)

5 ml (1 c. à thé) de piment thaï coupé en tranches

2,5 ml (½ c. à thé) de piments forts coréens en poudre (gochugaru)

15 ml (1 c. à soupe) de sauce aux huîtres

15 ml (1 c. à soupe) de sauce soya

30 ml (2 c. à soupe) d'huile végétale

Graines de sésame au goût

1. Dans un bol, mélanger l'ail avec l'oignon vert, le piment thaï, les piments forts coréens, la sauce aux huîtres et la sauce soya.

2. Dans une casserole, chauffer l'huile 1 minute à feu élevé.

3. Verser l'huile chaude dans le bol et remuer.

4. Garnir la sauce de graines de sésame.

Sauce au sésame japonaise

PRÉPARATION 5 minutes • **QUANTITÉ** de 2 à 3 portions

30 ml (2 c. à soupe) de mayonnaise japonaise (de type Kewpie)

30 ml (2 c. à soupe) de pâte de sésame chinoise (zhi ma jiàng) ou de tahini

15 ml (1 c. à soupe) de sauce soya

2,5 ml (½ c. à thé) d'huile de sésame

2,5 ml (½ c. à thé) de mirin

Graines de sésame au goût

1. Dans un bol, mélanger la mayonnaise, la pâte de sésame, la sauce soya, l'huile et le mirin.

2. Garnir la sauce de graines de sésame.

Sauce ponzu

PRÉPARATION 5 minutes • **QUANTITÉ** de 2 à 3 portions

30 ml (2 c. à soupe) de sauce soya

15 ml (1 c. à soupe) de mirin

15 ml (1 c. à soupe) de jus de citron frais

7,5 ml (½ c. à soupe) de sucre

1. Dans un bol, mélanger tous les ingrédients.

Bouillons

Dans cette section, vous trouverez mes
recettes de base pour concocter vos
propres bouillons, qui sont l'essence
même d'une bonne soupe asiatique !

Bouillon de poulet

PRÉPARATION 20 minutes • **CUISSON** 3 heures 5 minutes • **QUANTITÉ** 6 litres (24 tasses)

1 kg (environ 2 ¼ lb) de carcasses de poulet

20 g (environ ¾ d'oz) de gingembre tranché

20 g (environ ¾ d'oz) de sel ou au goût

1. Rincer les carcasses de poulet à l'eau froide.

2. Dans une grande casserole d'eau bouillante, cuire les carcasses 5 minutes. Égoutter. Rincer les carcasses à l'eau froide et retirer les impuretés. Égoutter de nouveau. Nettoyer la casserole.

3. Dans la même casserole, porter 6 litres (24 tasses) d'eau à ébullition. Déposer les carcasses et le gingembre dans la casserole. Couvrir et laisser mijoter 1 heure à feu moyen.

4. Réduire le feu à doux. Ajouter le sel dans la casserole et poursuivre la cuisson 2 heures, en retirant du bouillon les impuretés créées par les carcasses plusieurs fois en cours de cuisson.

5. Retirer du feu. Laisser tiédir avant de filtrer le bouillon à l'aide d'une passoire fine au-dessus d'un grand bol. Jeter les carcasses et le gingembre.

6. Placer au réfrigérateur jusqu'à ce que le bouillon soit complètement refroidi et que le gras ait figé à la surface. Retirer le gras à l'aide d'une cuillère.

Je vous conseille de ne pas saler le bouillon si vous comptez l'utiliser pour une autre recette. Salez donc le bouillon en fonction de l'utilisation que vous en ferez.

Bouillon de porc

PRÉPARATION 20 minutes • **CUISSON** 2 heures 35 minutes • **QUANTITÉ** 6 litres (24 tasses)

1 kg (environ 2 ¼ lb) d'os de dos de porc

2 oignons

20 g (environ ¾ d'oz) de sel

1. Dans une grande casserole d'eau bouillante, cuire les os de porc 5 minutes. Égoutter. Rincer les os à l'eau froide et retirer les impuretés. Égoutter de nouveau. Nettoyer la casserole.

2. Dans la même casserole, porter 6 litres (24 tasses) d'eau à ébullition. Déposer les os et les oignons dans la casserole. Couvrir et laisser mijoter 2 heures à feu doux-moyen, en retirant du bouillon les impuretés créées par les os plusieurs fois en cours de cuisson.

3. Réduire le feu à doux. Ajouter le sel et poursuivre la cuisson 30 minutes.

4. Retirer du feu. Laisser tiédir avant de filtrer le bouillon à l'aide d'une passoire fine au-dessus d'un grand bol. Jeter les os et les oignons.

5. Placer au réfrigérateur jusqu'à ce que le bouillon soit complètement refroidi et que le gras ait figé à la surface. Retirer le gras à l'aide d'une cuillère.

Bouillon de bœuf

PRÉPARATION 20 minutes • **CUISSON** 3 heures 5 minutes • **QUANTITÉ** 6 litres (24 tasses)

1 kg (environ 2 ¼ lb) d'os de bœuf

2 oignons

20 g (environ ¾ d'oz) de sel

1. Dans une grande casserole d'eau bouillante, cuire les os de bœuf 5 minutes. Égoutter. Rincer les os à l'eau froide et retirer les impuretés. Égoutter de nouveau. Nettoyer la casserole.

2. Dans la même casserole, porter 6 litres (24 tasses) d'eau à ébullition. Déposer les os et les oignons dans la casserole. Couvrir et laisser mijoter 2 heures à feu doux-moyen, en retirant du bouillon les impuretés créées par les os plusieurs fois en cours de cuisson.

3. Réduire le feu à doux. Ajouter le sel et poursuivre la cuisson 1 heure.

4. Retirer du feu. Laisser tiédir avant de filtrer le bouillon à l'aide d'une passoire fine au-dessus d'un grand bol. Jeter les os et les oignons.

5. Placer au réfrigérateur jusqu'à ce que le bouillon soit complètement refroidi et que le gras ait figé à la surface. Retirer le gras à l'aide d'une cuillère.

Bouillon de légumes

PRÉPARATION 20 minutes • **CUISSON** 2 heures • **QUANTITÉ** 6 litres (24 tasses)

4 carottes coupées grossièrement

2 bulbes de fenouil coupés grossièrement

2 oignons coupés grossièrement

2 poireaux coupées en morceaux

2 branches de céleri coupées en morceaux

2 gousses d'ail

20 g (environ ¾ d'oz) de sel

10 g (environ ⅓ d'oz) de poivre noir moulu

1. Dans une grande casserole, porter 6 litres (24 tasses) d'eau à ébullition.

2. Ajouter tous les ingrédients dans la casserole. Couvrir et laisser mijoter 2 heures à feu moyen.

3. Retirer du feu. Laisser tiédir avant de filtrer le bouillon à l'aide d'une passoire fine au-dessus d'un grand bol. Jeter les légumes.

Entrées

Cette section regorge de soupes traditionnelles que l'on trouve souvent dans les restaurants asiatiques d'ici. Elles sont si faciles à faire ! Quelques ingrédients classiques suffisent pour cuisiner ces délices à la maison.

Soupe aigre-douce et piquante express

PRÉPARATION 5 minutes • **TREMPAGE** 30 minutes • **CUISSON** 13 minutes
QUANTITÉ 6 à 8 portions • ❯

5 shiitakes séchés

1,5 litre (6 tasses) de bouillon de poulet

100 g (3 ½ oz) de carottes taillées en juliennes

100 g (3 ½ oz) de tofu mi-ferme coupé en cubes

100 g (3 ½ oz) de pousses de bambou tranchées

15 ml (1 c. à soupe) de gingembre râpé

30 ml (2 c. à soupe) de farine de tapioca ou de fécule de maïs

30 ml (2 c. à soupe) de sauce soya

15 ml (1 c. à soupe) de sauce soya foncée

5 ml (1 c. à thé) de sucre

90 ml (6 c. à soupe) de vinaigre noir chinois (ou au goût)

3,75 ml (¾ de c. à thé) de sel

100 g (3 ½ oz) de champignons enoki

2 œufs battus

30 ml (2 c. à soupe) de sambal oelek

15 ml (1 c. à soupe) de poivre noir moulu

15 ml (1 c. à soupe) d'huile de sésame

2 oignons verts émincés

1. Déposer les shiitakes séchés dans un bol. Couvrir d'eau tiède et laisser réhydrater 30 minutes.

2. Égoutter les shiitakes et les couper en tranches.

3. Dans une grande casserole, porter le bouillon de poulet à ébullition, puis laisser mijoter 3 minutes à feu doux.

4. Ajouter la julienne de carottes, les shiitakes, le tofu, les pousses de bambou et le gingembre dans la casserole. Remuer, puis laisser mijoter 5 minutes.

5. Dans un bol, délayer la farine de tapioca dans la même quantité d'eau.

6. Ajouter la sauce soya, la sauce soya foncée, le sucre, le vinaigre noir, le sel et la farine délayée dans la casserole. Remuer et laisser mijoter 5 minutes.

7. Incorporer les champignons enoki, les œufs battus, le sambal oelek, le poivre et l'huile de sésame.

8. Répartir la soupe dans des bols. Garnir d'oignons verts.

Soupe miso

PRÉPARATION 5 minutes • **CUISSON** 5 minutes • **QUANTITÉ** 4 portions

7,5 ml (½ c. à soupe) de dashi en granules

52,5 ml (3 ½ c. à soupe) de miso blanc

1 paquet de tofu mou de 454 g, coupé en dés

2 oignons verts coupés finement

1. Dans une casserole, porter 1 litre (4 tasses) d'eau à ébullition. Ajouter le dashi, puis réduire le feu à moyen.

2. Ajouter le miso et fouetter jusqu'à ce qu'il soit dissout. Ajouter le tofu et laisser mijoter 5 minutes.

3. Répartir la soupe dans des bols. Garnir d'oignons verts.

Un classique japonais

La soupe miso est l'une des soupes les plus populaires à travers l'Asie. Elle est non seulement délicieuse telle quelle, mais elle peut aussi être utilisée pour faire une multitude de versions, en y ajoutant par exemple nos ingrédients préférés afin de la rendre à la hauteur de nos attentes.

Soupe miso aux champignons et wakamé

PRÉPARATION 7 minutes • **TREMPAGE** 30 minutes • **CUISSON** 2 minutes
QUANTITÉ 4 portions

60 ml (¼ de tasse) de feuilles de wakamé séché

7,5 ml (½ c. à soupe) de dashi en granules

52,5 ml (3 ½ c. à soupe) de miso blanc

250 ml (1 tasse) de champignons blancs coupés en quatre

2 oignons verts hachés finement

1. Déposer les feuilles de wakamé dans un bol. Couvrir de 1 litre (4 tasses) d'eau et laisser réhydrater 30 minutes.

2. Retirer les feuilles de l'eau et réserver dans une assiette. Ne pas jeter l'eau.

3. Dans une casserole, porter l'eau réservée à ébullition. Ajouter le dashi en granules, puis réduire le feu moyen.

4. Ajouter le miso et fouetter jusqu'à ce qu'il soit dissout. Ajouter les feuilles de wakamé.

5. Ajouter les morceaux de champignons dans la casserole. Cuire de 2 à 3 minutes.

6. Répartir la soupe dans les bols. Garnir d'oignons verts.

Soupe miso au citron et gingembre

PRÉPARATION 5 minutes • **CUISSON** 12 minutes • **QUANTITÉ** 4 portions

1 morceau de gingembre de 5 cm (2 po) coupé en tranches

7,5 ml (½ c. à soupe) de dashi en granules

52,5 ml (3 ½ c. à soupe) de miso blanc

30 ml (2 c. à soupe) de jus de citron frais

1 bloc de tofu mi-ferme de 454 g, coupé en dés

2 oignons verts hachés finement

1. Dans une grande casserole, porter 1 litre (4 tasses) d'eau à ébullition. Ajouter le gingembre et le dashi en granules, puis laisser mijoter 2 minutes. Réduire le feu à moyen.

2. Ajouter le miso et fouetter jusqu'à ce qu'il soit dissout. Incorporer le jus de citron et le tofu. Laisser mijoter 10 minutes à feu doux-moyen.

3. Répartir la soupe dans les bols. Garnir d'oignons verts.

Soupe chinoise aux œufs

PRÉPARATION 5 minutes • **CUISSON** 6 minutes • **QUANTITÉ** 4 portions

1 litre (4 tasses) de
bouillon de poulet

30 ml (2 c. à soupe) de farine
de tapioca ou de fécule
de maïs

1,25 ml (¼ de c. à thé)
de poudre d'ail

7,5 ml (½ c. à soupe)
de sauce soya

2,5 ml (½ c. à thé)
d'huile de sésame

3 œufs battus

2,5 ml (½ c. à thé) de sel

2 oignons verts
hachés finement

Poivre noir moulu au goût

1. Dans une casserole,
porter le bouillon de poulet à
ébullition, puis laisser mijoter
2 minutes à feu moyen.

2. Dans un bol, délayer la
farine de tapioca dans la même
quantité d'eau.

3. Ajouter la poudre d'ail, la
sauce soya et la farine délayée
dans la casserole. Laisser
mijoter 1 minute à feu moyen.

4. Réduire le feu à doux.
Incorporer l'huile de sésame,
les œufs battus et le sel, puis
laisser mijoter 3 minutes
en remuant.

5. Répartir la soupe dans des
bols. Garnir d'oignons verts
et poivrer.

Soupe aux tomates et œufs

PRÉPARATION 5 minutes • **CUISSON** 8 minutes • **QUANTITÉ** 4 portions

30 ml (2 c. à soupe) d'huile végétale

2 tomates moyennes coupées en dés

30 ml (2 c. à soupe) de farine de tapioca ou de fécule de maïs

1 litre (4 tasses) de bouillon de poulet

7,5 ml (½ c. à soupe) de sauce soya

3,75 ml (¾ de c. à thé) de sel

2,5 ml (½ c. à thé) d'huile de sésame

2 œufs battus

1,25 ml (¼ de c. à thé) de poivre noir moulu

2 oignons verts hachés

30 ml (2 c. à soupe) de coriandre fraîche hachée

1. Dans une casserole, chauffer l'huile végétale à feu moyen. Cuire les tomates 5 minutes.

2. Dans un bol, délayer la farine de tapioca dans la même quantité d'eau.

3. Ajouter le bouillon de poulet, la sauce soya, le sel, l'huile de sésame et la farine délayée dans la casserole. Porter à ébullition.

4. Ajouter les œufs battus. Poursuivre la cuisson 3 minutes à feu moyen en remuant, jusqu'à ce que les œufs soient cuits. Poivrer.

5. Répartir la soupe dans des bols. Garnir d'oignons verts et de coriandre.

Soupe à la chair de crabe, maïs et œufs

PRÉPARATION 5 minutes • **CUISSON** 9 minutes • **QUANTITÉ** 4 portions

1 litre (4 tasses) de bouillon de poulet

250 ml (1 tasse) de maïs sucré surgelé

30 ml (2 c. à soupe) de farine de tapioca ou de fécule de maïs

200 g (environ ½ lb) de chair de crabe fraîche ou surgelée et égouttée

2,5 ml (½ c. à thé) d'huile de sésame

7,5 ml (½ c. à soupe) de sauce soya

2,5 ml (½ c. à thé) de sel

2 œufs battus

2 oignons verts hachés

30 ml (2 c. à soupe) de coriandre fraîche hachée

Poivre noir moulu au goût

1. Dans une casserole, porter le bouillon de poulet à ébullition. Ajouter le maïs et cuire 5 minutes à feu doux-moyen.

2. Dans un bol, délayer la farine de tapioca dans la même quantité d'eau.

3. Ajouter la chair de crabe, l'huile de sésame, la sauce soya, le sel et la farine délayée dans la casserole. Poursuivre la cuisson 1 minute.

4. Ajouter les œufs battus et poursuivre la cuisson 3 minutes en remuant, jusqu'à ce que les œufs soient cuits.

5. Répartir la soupe dans des bols. Garnir d'oignons verts et de coriandre. Poivrer.

Soupe indienne aux tomates et pois chiches

PRÉPARATION 5 minutes • **CUISSON** 20 minutes • **QUANTITÉ** 4 portions

30 ml (2 c. à soupe) de ghee ou d'huile végétale

4 gousses d'ail hachées

1 oignon émincé

1 boîte de tomates broyées de 796 ml

5 ml (1 c. à thé) de gingembre moulu

5 ml (1 c. à thé) de coriandre moulue

7,5 ml (½ c. à soupe) de cumin

2,5 ml (½ c. à thé) de cannelle

15 ml (1 c. à soupe) de paprika

22,5 ml (1 ½ c. à soupe) de poudre de cari

6,25 ml (1 ¼ c. à thé) de sel

500 ml (2 tasses) de bouillon de légumes

250 ml (1 tasse) de pois chiches, rincés et égouttés

250 ml (1 tasse) de crème de noix de coco

60 ml (¼ de tasse) de coriandre fraîche hachée

1. Dans une casserole, faire fondre le ghee à feu moyen. Cuire l'ail 1 minute.

2. Ajouter l'oignon et les tomates broyées. Cuire 4 minutes à feu moyen.

3. Ajouter le gingembre, la coriandre, le cumin, la cannelle, le paprika, la poudre de cari, le sel et le bouillon de légumes. Porter à ébullition, puis laisser mijoter 5 minutes.

4. Ajouter les pois chiches dans la casserole, puis laisser mijoter 5 minutes.

5. Ajouter la crème de noix de coco, puis laisser mijoter 5 minutes.

6. Répartir la soupe dans des bols. Garnir de coriandre.

Soupe indienne aux pommes de terre

PRÉPARATION 5 minutes • **CUISSON** 35 minutes • **QUANTITÉ** 4 portions

900 g (2 lb) de pommes de terre Russet, pelées

30 ml (2 c. à soupe) de ghee ou d'huile végétale

7,5 ml (½ c. à soupe) de sel

7,5 ml (½ c. à soupe) de curcuma

5 ml (1 c. à thé) de paprika

2,5 ml (½ c. à thé) de poivre noir moulu

2,5 à 5 ml (½ à 1 c. à thé) de flocons de piment

7,5 ml (½ c. à soupe) de cumin

5 ml (1 c. à thé) de moutarde en poudre

750 ml (3 tasses) de bouillon de légumes

Coriandre fraîche au goût

1. Dans une casserole d'eau bouillante, cuire les pommes de terre 30 minutes, jusqu'à ce qu'elles soient tendres. Égoutter et couper en dés.

2. Dans la même casserole, faire fondre le ghee à feu moyen. Ajouter le reste des ingrédients, à l'exception de la coriandre, puis porter à ébullition. Laisser mijoter 5 minutes.

3. Répartir la soupe dans des bols. Garnir de coriandre.

Soupe vietnamienne crabe et asperges

PRÉPARATION 5 minutes • **CUISSON** 14 minutes • **QUANTITÉ** 4 portions

15 ml (1 c. à soupe) d'huile végétale

2 échalotes sèches (françaises) hachées

2 gousses d'ail hachées

450 g (1 lb) d'asperges coupées en tronçons de 3 cm (environ 1 ½ po)

1 litre (4 tasses) de bouillon de poulet

5 ml (1 c. à thé) de sel

5 ml (1 c. à thé) de farine de tapioca ou de fécule de maïs

15 ml (1 c. à soupe) de sauce poisson

1 œuf battu

200 g (environ ½ lb) de chair de crabe fraîche ou surgelée et égouttée

2 oignons verts émincés

Poivre noir moulu au goût

1. Dans une casserole, chauffer l'huile à feu moyen. Cuire les échalotes et l'ail 2 minutes.

2. Ajouter les asperges et cuire 3 minutes à feu moyen.

3. Ajouter le bouillon et le sel. Porter à ébullition, puis laisser mijoter 2 minutes.

4. Pendant ce temps, délayer la farine de tapioca dans la même quantité d'eau dans un bol.

5. Ajouter la farine délayée, la sauce poisson et l'œuf battu dans la casserole. Porter de nouveau à ébullition, puis laisser mijoter 2 minutes en remuant.

6. Ajouter la chair de crabe et chauffer 5 minutes à feu doux en remuant.

7. Répartir la soupe dans des bols. Garnir d'oignons verts et poivrer.

Soupe aux trois champignons

PRÉPARATION 10 minutes • **TREMPAGE** 30 minutes • **CUISSON** 12 minutes
QUANTITÉ 4 portions

50 g (1 ¾ oz) de shiitakes séchés coupés en deux

15 ml (1 c. à soupe) d'huile végétale

1 gousse d'ail émincée

100 g (3 ½ oz) de champignons blancs coupés en quatre

20 ml (4 c. à thé) de sauce soya

5 ml (1 c. à thé) sel

100 g (3 ½ oz) de champignons enoki

30 ml (2 c. à soupe) de farine de tapioca ou de fécule de maïs

1 filet d'huile de sésame

2 oignons verts émincés

1 tige de coriandre émincée

1. Déposer les shiitakes séchés dans un bol. Couvrir d'eau tiède et laisser réhydrater 30 minutes. Égoutter les shiitakes en prenant soin de conserver 2,5 ml (½ c. à thé) d'eau.

2. Dans une casserole, chauffer l'huile végétale à feu moyen. Cuire l'ail 30 secondes.

3. Ajouter les shiitakes et cuire 3 minutes à feu élevé.

4. Ajouter les champignons blancs et cuire 2 minutes.

5. Ajouter 1 litre (4 tasses) d'eau, la sauce soya, l'eau réservée et le sel. Porter à ébullition.

6. Ajouter les champignons enoki, puis couvrir et cuire 5 minutes à feu doux.

7. Dans un bol, délayer la farine de tapioca dans la même quantité d'eau.

8. Ajouter la farine délayée dans la casserole et chauffer 30 secondes en remuant.

9. Répartir la soupe dans des bols. Arroser d'huile de sésame, puis garnir d'oignons verts et de coriandre.

Soupe aux carottes, daïkon et chou nappa

PRÉPARATION 5 minutes • **CUISSON** 1 heure 10 minutes • **QUANTITÉ** 4 portions

450 g (1 lb) d'os de fesse de porc

2 carottes pelées et coupées en cubes

1 daïkon pelé et coupé en cubes

50 g (1 ¾ oz) de chou nappa coupé en gros morceaux

5 ml (1 c. à thé) de sel

1. Dans une grande casserole d'eau bouillante, blanchir les os de fesse de porc 10 minutes. Égoutter.

2. Dans la même casserole nettoyée, verser 1,25 litre (5 tasses) d'eau et porter à ébullition.

3. Remettre les os de porc dans la casserole. Laisser mijoter 30 minutes à feu moyen, en retirant du bouillon les impuretés créées par les os plusieurs fois en cours de cuisson.

4. Ajouter les carottes et le daïkon, puis laisser mijoter 20 minutes à feu doux-moyen.

5. Ajouter le chou nappa et le sel. Laisser mijoter 10 minutes.

6. Répartir la soupe dans des bols.

Bisque de homard à saveur thaïe

PRÉPARATION 5 minutes • **CUISSON** 21 minutes • **QUANTITÉ** 4 portions • ❱❱

15 ml (1 c. à soupe) d'huile végétale

1 gousse d'ail émincée

500 ml (2 tasses) de chair de homard coupée en morceaux de 2 cm (1 po)

45 ml (3 c. à soupe) de pâte de cari thaï rouge

100 ml (environ ½ tasse) de lait de coco

5 ml (1 c. à thé) de bouillon de poulet déshydraté

5 ml (1 c. à thé) de sel

Poivre noir moulu au goût

Jus de lime frais au goût

Coriandre fraîche au goût

1. Dans une casserole, chauffer l'huile à feu moyen. Cuire l'ail 30 secondes.

2. Ajouter les morceaux de homard, puis chauffer 3 minutes à feu doux.

3. Ajouter la pâte de cari et poursuivre la cuisson 2 minutes.

4. Ajouter 750 ml (3 tasses) d'eau. Porter à ébullition, puis laisser mijoter 3 minutes.

5. Ajouter le lait de coco. Porter à ébullition, puis laisser mijoter 2 minutes.

6. Incorporer le bouillon de poulet et laisser mijoter 10 minutes à feu doux.

7. Répartir la soupe dans des bols. Saler et poivrer, puis garnir de jus de lime et de coriandre.

Soupe vietnamienne aigre-douce Canh Chua

PRÉPARATION 10 minutes • **CUISSON** 45 minutes • **QUANTITÉ** 4 portions

8 pilons de poulet sans peau

750 ml (3 tasses) de courges fuzzy ou de courgettes vertes coupées en demi-rondelles

500 ml (2 tasses) d'ananas tranché

500 ml (2 tasses) de tomates coupées en rondelles

500 ml (2 tasses) d'okra

15 ml (1 c. à soupe) de sel

15 ml (1 c. à soupe) de sucre

22,5 ml (1 ½ c. à soupe) de tamarin en poudre

30 ml (2 c. à soupe) de sauce poisson

22,5 ml (1 ½ c. à soupe) de bouillon de poulet déshydraté

200 g (environ ½ lb) de grosses crevettes (calibre 21/25), crues et décortiquées

2 oignons verts coupés en tronçons

60 ml (¼ de tasse) de basilic thaï frais haché finement

50 g (1 ¾ oz) de fèves germées

1. Dans une casserole, porter 1,5 litre (6 tasses) d'eau à ébullition. Déposer les pilons de poulet dans la casserole, puis laisser mijoter 20 minutes à feu doux.

2. Ajouter les courges, les tranches d'ananas, les tomates, l'okra, le sel, le sucre, la tamarin, la sauce poisson et le bouillon de poulet. Poursuivre la cuisson 20 minutes à feu moyen.

3. Ajouter les crevettes et poursuivre la cuisson 5 minutes.

4. Répartir la soupe dans des bols. Garnir d'oignons verts, de basilic thaï et de fèves germées.

Soupe aux boulettes de porc et bok choys

PRÉPARATION 20 minutes • **CUISSON** 9 minutes • **QUANTITÉ** 6 portions

15 ml (1 c. à soupe) d'huile végétale

2,5 ml (½ c. à thé) d'huile de sésame

1 gousse d'ail émincée

2 oignons verts émincés

450 g (1 lb) de bok choys coupés en deux

1,25 litre (5 tasses) de bouillon de poulet

5 ml (1 c. à thé) de sel

Coriandre fraîche au goût

1,25 ml (¼ de c. à thé) de poivre noir moulu

Pour les boulettes de porc :

450 g (1 lb) de porc haché

37,5 ml (2 ½ c. à soupe) de sauce soya

30 ml (2 c. à soupe) de vin de cuisson chinois (shaoxing)

15 ml (1 c. à soupe) de farine de tapioca ou de fécule de maïs

15 ml (1 c. à soupe) de gingembre émincé

5 ml (1 c. à thé) d'huile de sésame

2,5 ml (½ c. à thé) de poivre noir moulu

2,5 ml (½ c. à thé) de sucre

1,25 ml (¼ de c. à thé) de sel

1 blanc d'œuf

1 échalote sèche (française) émincée

1. Dans un grand bol, mélanger les ingrédients des boulettes de porc avec 30 ml (2 c. à soupe) d'eau. Remuer une dizaine de minutes, jusqu'à ce que tout soit bien absorbé par la viande.

2. À l'aide des mains, former des boulettes de 3 cm (1¼ po) de diamètre en utilisant environ 15 ml (1 c. à soupe) de préparation pour chacune d'elle. Pour éviter que la préparation ne colle, huiler légèrement les mains.

3. Dans une casserole, chauffer l'huile végétale et l'huile de sésame à feu moyen. Cuire l'ail et les oignons verts 1 minute.

4. Ajouter le bouillon de poulet et le sel, puis porter à ébullition.

5. Ajouter les boulettes et poursuivre la cuisson 5 minutes à feu moyen.

6. Ajouter les bok choys et cuire 3 minutes.

7. Répartir la soupe dans des bols. Garnir de coriandre et poivrer.

Soupe coréenne aux palourdes

PRÉPARATION 5 minutes • **CUISSON** 10 minutes • **QUANTITÉ** 4 portions • ❯

900 g (2 lb) de palourdes

4 gousses d'ail hachées

7,5 ml (½ c. à soupe) de bouillon de poulet déshydraté

7,5 ml (½ c. à soupe) de sel

250 ml (1 tasse) de riz calrose cuit

2 oignons verts hachés finement

Kimchi au goût

Piments forts coréens en poudre (gochugaru) au goût

1. Rincer les palourdes.

2. Dans une casserole, porter 1 litre (4 tasses) d'eau à ébullition. Cuire l'ail et les palourdes de 5 à 7 minutes, jusqu'à ce que les palourdes s'ouvrent.

3. Ajouter le bouillon de poulet et le sel, puis poursuivre la cuisson 5 minutes à feu moyen.

4. Répartir le riz dans des bols. Verser la soupe sur le riz.

5. Garnir d'oignons verts, de kimchi et de piments forts coréens en poudre.

Thaïlandais

La combinaison des parfums de la citronnelle, des feuilles de lime kaffir et du galanga saura se démarquer dans cette section. C'est l'une de mes sections préférées, car c'est celle qui se rapproche le plus de mes beaux voyages en Thaïlande.

Soupe tom yum au poulet grillé

PRÉPARATION 30 minutes • **MARINAGE** 30 minutes • **CUISSON** 25 minutes
QUANTITÉ 4 portions •))

900 g (2 lb) de poulet (poitrines ou hauts de cuisses)

400 g (environ 1 lb) de nouilles de riz

1,25 litre (5 tasses) de bouillon de poulet

2 tiges de citronnelle coupées en tronçons de 5 cm (2 po)

100 g (3 ½ oz) de galanga

8 feuilles de lime kaffir

15 ml (1 c. à soupe) de pâte d'épices pour soupe tom yum

15 ml (1 c. à soupe) de pâte de piments chili à l'huile de soya

15 ml (1 c. à soupe) de sauce poisson

7,5 ml (½ c. à soupe) de sel

7,5 ml (½ c. à soupe) de sucre

1 lime (jus)

1 filet d'huile végétale

Pour la marinade :

45 ml (3 c. à soupe) de cassonade

30 ml (2 c. à soupe) de citronnelle hachée

30 ml (2 c. à soupe) de sauce poisson

30 ml (2 c. à soupe) de sauce aux huîtres

15 ml (1 c. à soupe) de miel

5 ml (1 c. à thé) de poivre noir moulu

4 gousses d'ail hachées

Pour la garniture :

Feuilles de basilic thaï frais au goût

Fèves germées au goût

1. Dans un bol, mélanger les ingrédients de la marinade. Ajouter le poulet et remuer pour bien l'enrober de marinade. Couvrir et laisser mariner 30 minutes au frais.

2. Dans un autre bol, déposer les nouilles de riz. Couvrir d'eau tiède et laisser tremper 30 minutes. Égoutter.

3. Dans une casserole, porter le bouillon de poulet à ébullition. Ajouter la citronnelle, le galanga et les feuilles de lime kaffir. Laisser mijoter 5 minutes à feu élevé.

4. Ajouter la pâte d'épices pour soupe tom yum et la pâte de piments chili, puis laisser mijoter 5 minutes à feu moyen.

5. Ajouter la sauce poisson, le sel et le sucre. Cuire 5 minutes.

6. Retirer la citronnelle, le galanga et les feuilles de lime kaffir de la casserole et les jeter. Ajouter le jus de lime, puis poursuivre la cuisson 10 minutes à feu doux.

7. Pendant ce temps, égoutter le poulet et jeter la marinade. Chauffer l'huile à feu moyen dans une poêle. Cuire le poulet 4 minutes de chaque côté, jusqu'à ce qu'il soit doré et que l'intérieur de la chair du poulet ait perdu sa teinte rosée. Retirer de la poêle et trancher le poulet.

8. Dans une casserole d'eau bouillante, cuire les nouilles de riz 30 secondes. Égoutter.

9. Répartir les nouilles et le bouillon dans des bols. Déposer le poulet tranché sur les nouilles. Garnir de basilic thaï et de fèves germées.

Soupe crevettes et coco

PRÉPARATION 5 minutes • **CUISSON** 13 minutes • **QUANTITÉ** 4 portions • ❱❱

30 ml (2 c. à soupe) d'huile végétale

2 gousses d'ail émincées

1 oignon émincé

1 poivron rouge coupé en lanières

45 ml (3 c. à soupe) de pâte de cari rouge

1 litre (4 tasses) de bouillon de poulet réduit en sodium

1 boîte de lait de coco de 398 ml

15 ml (1 c. à soupe) de sauce poisson

15 ml (1 c. à soupe) de sucre

5 ml (1 c. à thé) de sel

450 g (1 lb) de grosses crevettes (calibre 21/25), crues et décortiquées

400 g (environ 1 lb) de vermicelles de riz

Pour la garniture :

1 lime (jus)

1 tige de coriandre fraîche émincée

1. Dans une casserole, chauffer l'huile à feu moyen. Cuire l'ail et l'oignon 1 minute.

2. Ajouter le poivron et poursuivre la cuisson 1 minute.

3. Ajouter la pâte de cari. Cuire 1 minute en remuant, jusqu'à ce que les arômes se libèrent. Ajouter le bouillon de poulet et porter à ébullition.

4. Verser le lait de coco dans la casserole et porter de nouveau à ébullition. Ajouter la sauce poisson, le sucre et le sel. Poursuivre la cuisson 5 minutes à feu doux.

5. Ajouter les crevettes et cuire 5 minutes.

6. Pendant ce temps, réhydrater les vermicelles de riz 2 minutes dans une casserole d'eau bouillante. Égoutter.

7. Répartir les vermicelles, le bouillon, le poivron et les crevettes dans des bols. Garnir de jus de lime et de coriandre.

Soupe au cari rouge et dumplings épicés

PRÉPARATION 5 minutes • **CUISSON** 13 minutes • **QUANTITÉ** 4 portions • 〉〉〉

30 ml (2 c. à soupe) d'huile végétale

2 gousses d'ail hachées

15 ml (1 c. à soupe) d'échalote sèche (française) hachée

45 ml (3 c. à soupe) de pâte de cari rouge

1 poivron rouge coupé en lanières

1 litre (4 tasses) de bouillon de poulet réduit en sodium

250 ml (1 tasse) de lait de coco

15 ml (1 c. à soupe) de sauce poisson

15 ml (1 c. à soupe) de sucre

5 ml (1 c. à thé) de sel

400 g (environ 1 lb) de nouilles ramen

24 dumplings surgelés

Pour la garniture :

2 oignons verts émincés

1 tige de coriandre fraîche émincée

1 lime (jus)

1. Dans une casserole, chauffer l'huile à feu moyen. Cuire l'ail et l'échalote 2 minutes.

2. Ajouter la pâte de cari et poursuivre la cuisson 1 minute en remuant, jusqu'à ce que les arômes se libèrent.

3. Ajouter le poivron et cuire 1 minute. Verser le bouillon de poulet et porter à ébullition.

4. Verser le lait de coco dans la casserole et porter de nouveau à ébullition. Ajouter la sauce poisson, le sucre et le sel. Poursuivre la cuisson 5 minutes à feu doux.

5. Pendant ce temps, cuire les nouilles ramen 2 minutes dans une casserole d'eau bouillante. Égoutter.

6. Dans la même casserole remplie d'eau bouillante, cuire les dumplings 4 minutes à feu moyen. Égoutter.

7. Répartir les nouilles et le bouillon dans des bols. Déposer les dumplings sur les nouilles. Garnir d'oignons verts, de coriandre et de jus de lime.

Soupe tom yum aux fruits de mer et vermicelles

PRÉPARATION 15 minutes • **CUISSON** 20 minutes • **QUANTITÉ** 4 portions • ❱❱

1,25 litre (5 tasses) de bouillon de poulet

2 tiges de citronnelle coupées en tronçons de 5 cm (2 po)

1 morceau de galanga de 100 g (3 ½ oz) coupé en deux

8 feuilles de lime kaffir

15 ml (1 c. à soupe) de pâte d'épices pour soupe tom yum

15 ml (1 c. à soupe) de pâte de piments chili à l'huile de soya

15 ml (1 c. à soupe) de sauce poisson

7,5 ml (½ c. à soupe) de sel

7,5 ml (½ c. à soupe) de sucre

12 grosses crevettes (calibre 21/25), crues et décortiquées

100 g (3 ½ oz) de rondelles de calmar crues

12 moules

1 lime (jus)

400 g (environ 1 lb) de vermicelles de riz

Pour la garniture :

Feuilles de basilic thaï frais au goût

250 ml (1 tasse) de fèves germées

2 oignons verts coupés en biseau

60 ml (¼ de tasse) de coriandre fraîche hachée

1. Dans une casserole, porter le bouillon de poulet à ébullition. Ajouter la citronnelle, le galanga et les feuilles de lime kaffir. Laisser mijoter 5 minutes à feu élevé.

2. Ajouter la pâte d'épices pour soupe tom yum et la pâte de piments chili, puis laisser mijoter 5 minutes à feu moyen.

3. Ajouter la sauce poisson, le sel et le sucre. Poursuivre la cuisson 5 minutes.

4. Ajouter les crevettes, les calmars et les moules. Cuire 5 minutes.

5. Retirer la citronnelle, le galanga et les feuilles de lime kaffir et les jeter. Ajouter le jus de lime. Réduire le feu à doux, puis laisser mijoter pendant la cuisson des vermicelles.

6. Pendant ce temps, réhydrater les vermicelles de riz 2 minutes dans une casserole d'eau bouillante. Égoutter.

7. Répartir les vermicelles, le bouillon et les fruits de mer dans des bols. Garnir de basilic thaï, de fèves germées, d'oignons verts et de coriandre.

Thaïlandais

Soupe au poulet cari-coco

PRÉPARATION 5 minutes • **CUISSON** 13 minutes • **QUANTITÉ** 4 portions • 〉〉

30 ml (2 c. à soupe) d'huile végétale

2 gousses d'ail hachées

1 oignon émincé

15 ml (1 c. à soupe) de gingembre haché

800 g (environ 1 ¾ lb) de poitrines de poulet coupées en lanières

1 poivron rouge coupé en lanières

45 ml (3 c. à soupe) de pâte de cari verte

5 ml (1 c. à thé) de poudre de cari

1 litre (4 tasses) de bouillon de poulet réduit en sodium

1 boîte de lait de coco de 398 ml

15 ml (1 c. à soupe) de sauce poisson

15 ml (1 c. à soupe) de sucre

5 ml (1 c. à thé) de sel

400 g (environ 1 lb) de nouilles ramen

Pour la garniture :

1 tige de coriandre fraîche émincée

Feuilles de basilic thaï frais au goût

1 lime (jus)

1. Dans une casserole, chauffer l'huile à feu moyen. Cuire l'ail et l'oignon 30 secondes.

2. Ajouter le gingembre et poursuivre la cuisson 30 secondes.

3. Ajouter le poulet et le poivron. Cuire 4 minutes.

4. Ajouter la pâte de cari et la poudre de cari, puis cuire 2 minutes en remuant, jusqu'à ce que les arômes se libèrent.

5. Verser le bouillon de poulet et porter à ébullition. Ajouter le lait de coco et poursuivre la cuisson 1 minute.

6. Ajouter la sauce poisson, le sucre et le sel. Cuire 5 minutes.

7. Pendant ce temps, cuire les nouilles ramen 2 minutes dans une casserole d'eau bouillante. Égoutter.

8. Répartir les nouilles, le bouillon, le poulet et le poivron dans des bols. Garnir de coriandre, de basilic thaï et de jus de lime.

Soupe tom yum crémeuse aux légumes

PRÉPARATION 15 minutes • **CUISSON** 20 minutes • **QUANTITÉ** 4 portions • 🌶

1,25 litre (5 tasses) de bouillon de poulet

2 tiges de citronnelle coupées en tronçons de 5 cm (2 po)

1 morceau de galanga de 100 g (3 ½ oz) coupé en deux

8 feuilles de lime kaffir

15 ml (1 c. à soupe) de pâte d'épices pour soupe tom yum

15 ml (1 c. à soupe) de pâte de piments chili à l'huile de soya

250 ml (1 tasse) de lait de coco

15 ml (1 c. à soupe) de sauce poisson

7,5 ml (½ c. à soupe) de sel

7,5 ml (½ c. à soupe) de sucre

100 g (3 ½ oz) de champignons enoki

100 g (3 ½ oz) de champignons blancs émincés

4 bok choys coupés en deux

½ poivron rouge émincé

1 lime (jus)

400 g (environ 1 lb) de nouilles udon

Pour la garniture :

2 oignons verts coupés en biseau

1. Dans une casserole, porter le bouillon de poulet à ébullition. Ajouter la citronnelle, le galanga et les feuilles de lime kaffir. Laisser mijoter 5 minutes à feu élevé.

2. Ajouter la pâte d'épices pour soupe tom yum et la pâte de piments chili, puis laisser mijoter 5 minutes à feu moyen.

3. Ajouter le lait de coco, la sauce poisson, le sel et le sucre. Remuer et poursuivre la cuisson 5 minutes.

4. Ajouter les champignons, les bok choys, le poivron et le jus de lime. Cuire 5 minutes.

5. Pendant ce temps, cuire les nouilles udon dans une casserole d'eau bouillante selon les indications de l'emballage. Égoutter.

6. Retirer la citronnelle, le galanga et les feuilles de lime kaffir du bouillon et les jeter.

7. Répartir les nouilles, le bouillon et les légumes dans des bols. Garnir d'oignons verts.

Soupe khao soi (nouilles de Chiang Mai)

PRÉPARATION 15 minutes • **CUISSON** 27 minutes • **QUANTITÉ** 4 portions • ❯

30 ml (2 c. à soupe) d'huile végétale + 2 litres (8 tasses) pour la friture (facultatif)

450 g (1 lb) de pilons de poulet avec la peau

1 litre (4 tasses) de bouillon de poulet

30 ml (2 c. à soupe) de sucre

1 boîte de lait de coco de 398 ml

2,5 ml (½ c. à thé) de sel

30 ml (2 c. à soupe) de sauce poisson

680 g (1 ½ lb) de nouilles aux œufs jaunes fraîches

Pour la pâte de cari khao soi (congeler l'excédent en portions) :

30 g (1 oz) de gingembre pelé

30 ml (2 c. à soupe) de pâte de cari rouge

10 ml (2 c. à thé) de curcuma

10 ml (2 c. à thé) de coriandre moulue

5 ml (1 c. à thé) de poudre de cari

6 gousses d'ail

2 échalotes sèches (françaises)

1 lime (zeste)

Pour la garniture :

1 lime (jus)

½ oignon rouge tranché

1 paquet de feuilles de moutarde marinées hachées

4 tiges de coriandre fraîche émincées

1. Dans le contenant du mélangeur électrique, déposer les ingrédients de la pâte de cari khao soi. Mélanger jusqu'à l'obtention d'une texture lisse et homogène. Réserver.

2. Dans une casserole, chauffer 30 ml (2 c. à soupe) d'huile à feu moyen. Cuire les pilons de poulet sur toutes les faces 5 minutes, jusqu'à ce que la peau soit légèrement dorée, mais que le poulet ne soit pas complètement cuit. Réserver.

3. Dans la même casserole, cuire 45 ml (3 c. à soupe) de pâte de cari khao soi 2 minutes à feu moyen en remuant, jusqu'à ce que les arômes se libèrent.

4. Ajouter le bouillon de poulet et le sucre dans la casserole, puis porter à ébullition.

5. Ajouter le lait de coco, le sel, la sauce poisson et les pilons de poulet. Poursuivre la cuisson 20 minutes à feu doux-moyen, jusqu'à ce que l'intérieur de la chair du poulet ait perdu sa teinte rosée.

6. Si désiré, réserver 200 g (environ ½ lb) de nouilles pour les faire frire. Cuire le reste des nouilles dans une casserole d'eau bouillante selon les indications de l'emballage. Égoutter.

7. Dans une grande casserole ou dans une friteuse, chauffer l'huile pour la friture jusqu'à ce qu'elle atteigne une température de 180 °C (350 °F) sur un thermomètre à cuisson. Si une casserole est utilisée, bien surveiller la cuisson pour éviter que l'huile ne surchauffe et ne s'enflamme. Faire frire les nouilles réservées 30 secondes. Égoutter et déposer sur du papier absorbant.

8. Répartir les nouilles cuites et le bouillon dans des bols. Déposer les pilons de poulet sur les nouilles. Garnir de jus de lime, d'oignon rouge, de feuilles de moutarde marinées, de coriandre et de nouilles frites.

Soupe végétarienne au cari

PRÉPARATION 20 minutes • **CUISSON** 21 minutes • **QUANTITÉ** 4 portions • ❱❱

1 patate douce pelée et coupée en cubes

30 ml (2 c. à soupe) d'huile végétale

1 pincée + 5 ml (1 c. à thé) de sel

2 aubergines chinoises

2 gousses d'ail hachées

1 oignon émincé

4 à 5 champignons blancs tranchés

45 ml (3 c. à soupe) de pâte de cari jaune

5 ml (1 c. à thé) de poudre de cari

1 litre (4 tasses) de bouillon de légumes

1 boîte de lait de coco de 398 ml

15 ml (1 c. à soupe) de sauce soya ou de sauce poisson

15 ml (1 c. à soupe) de sucre

400 g (environ 1 lb) de vermicelles de riz

Pour la garniture :

Oignons verts coupés en biseau au goût

1 tige de coriandre fraîche émincée

1 lime (jus)

1. Préchauffer le four à 205 °C (400 °F).

2. Sur une plaque de cuisson tapissée de papier parchemin, étaler la patate douce. Arroser de la moitié de l'huile et saupoudrer d'une pincée de sel. Cuire au four 10 minutes.

3. Couper les aubergines en deux sur la longueur, puis en morceaux de 4 cm (environ 1 ½ po). Ajouter les aubergines sur la plaque de cuisson et poursuivre la cuisson au four 5 minutes.

4. Dans une grande casserole, chauffer le reste de l'huile à feu moyen. Cuire l'ail et l'oignon 1 minute.

5. Ajouter la patate douce, les aubergines et les champignons. Poursuivre la cuisson 2 minutes.

6. Ajouter la pâte de cari et la poudre de cari, puis cuire 3 minutes en remuant, jusqu'à ce que les arômes se libèrent.

7. Ajouter le bouillon de légumes, le lait de coco, la sauce soya, le sucre et le reste du sel. Porter à ébullition.

8. Pendant ce temps, réhydrater les vermicelles selon les indications de l'emballage.

9. Répartir les vermicelles, le bouillon, la patate douce, les aubergines et les champignons dans des bols. Garnir d'oignons verts, de coriandre et de jus de lime.

Soupe tom yum crémeuse au saumon

PRÉPARATION 10 minutes • **CUISSON** 20 minutes • **QUANTITÉ** 4 portions • ❯

1,25 litre (5 tasses) de bouillon de poulet

2 tiges de citronnelle coupées en tronçons de 5 cm (2 po)

1 morceau de galanga de 100 g (3 ½ oz) coupé en deux

8 feuilles de lime kaffir

15 ml (1 c. à soupe) de pâte d'épices pour soupe tom yum

15 ml (1 c. à soupe) de pâte de piments chili à l'huile de soya

250 ml (1 tasse) de lait de coco

15 ml (1 c. à soupe) de sauce poisson

7,5 ml (½ c. à soupe) de sel

7,5 ml (½ c. à soupe) de sucre

100 g (3 ½ oz) de champignons enoki

50 g (1 ¾ oz) de bok choys Shanghai

1 lime (jus)

Sel et poivre au goût

500 g (environ 1 lb) de filet de saumon, la peau enlevée et coupé en quatre

30 ml (2 c. à soupe) d'huile végétale

400 g (environ 1 lb) de vermicelles de riz

Pour la garniture :

2 oignons verts coupés en biseau

1 tige de coriandre fraîche émincée

1. Dans une casserole, porter le bouillon de poulet à ébullition. Ajouter la citronnelle, le galanga et les feuilles de lime kaffir. Laisser mijoter 5 minutes à feu élevé.

2. Ajouter la pâte d'épices pour soupe tom yum et la pâte de piments chili, puis laisser mijoter 5 minutes à feu moyen.

3. Ajouter le lait de coco, la sauce poisson, le sel et le sucre. Remuer et poursuivre la cuisson 5 minutes.

4. Ajouter les champignons, les bok choys et le jus de lime. Cuire 5 minutes.

5. Pendant ce temps, saler et poivrer les filets de saumon.

6. Dans une poêle, chauffer l'huile à feu moyen-élevé. Faire frire le saumon sur toutes les faces de 2 à 3 minutes, jusqu'à ce qu'il soit doré. Réserver au chaud.

7. Dans une casserole d'eau bouillante, réhydrater les vermicelles de riz 2 minutes. Égoutter.

8. Retirer la citronnelle, le galanga et les feuilles de lime kaffir du bouillon et les jeter.

9. Répartir les vermicelles, le bouillon et les légumes dans des bols. Déposer le saumon sur les nouilles, puis garnir d'oignons verts et de coriandre.

Thaïlandais

Soupe au bœuf

PRÉPARATION 15 minutes • **TREMPAGE** 30 minutes • **CUISSON** 1 heure 10 minutes
QUANTITÉ 4 portions • ❱

400 g (environ 1 lb)
de nouilles de riz

400 g (environ 1 lb)
de jarrets de bœuf

20 g (environ
¾ d'oz) de feuilles
de lime kaffir

50 g (1 ¾ oz)
de citronnelle

50 g (1 ¾ oz) de
galanga tranché

5 échalotes sèches
(françaises) hachées

1 carotte coupée
en fines rondelles

10 maïs miniatures
coupés en deux

40 g (environ 1 ½ oz)
de sauce poisson

20 g (environ ¾ d'oz)
de sel

60 g (environ 1 ¾ oz)
de sucre

Pour la garniture :

2 oignons verts
émincés

Feuilles de basilic thaï
frais au goût

Feuilles de coriandre
fraîche au goût

1 petit piment thaï
coupé en rondelles

3 limes coupées
en quartiers

1. Dans un bol, déposer les nouilles de riz. Couvrir d'eau tiède et laisser tremper 30 minutes. Égoutter.

2. Pendant ce temps, cuire les jarrets de bœuf 5 minutes dans une casserole d'eau bouillante. Égoutter. Rincer les jarrets à l'eau froide et égoutter de nouveau.

3. Nettoyer la casserole, puis y porter 1,5 litre (6 tasses) d'eau à ébullition. Ajouter les jarrets de bœuf, les feuilles de lime kaffir, la citronnelle et le galanga. Couvrir et laisser mijoter 1 heure à feu doux, en retirant du bouillon les impuretés créées plusieurs fois en cours de cuisson. À l'aide d'une passoire fine, filtrer le bouillon au-dessus d'un bol.

4. Remettre la préparation dans la casserole. Ajouter les échalotes, la carotte, les maïs miniatures, la sauce poisson, le sel et le sucre. Poursuivre la cuisson 5 minutes.

5. Pendant ce temps, cuire les nouilles de riz 30 secondes dans une autre casserole d'eau bouillante. Égoutter.

6. Retirer les jarrets de bœuf de la première casserole et les trancher.

7. Répartir les nouilles et le bouillon dans des bols. Garnir de tranches de bœuf, d'oignons verts, de basilic thaï, de coriandre, de piment thaï et de quartiers de limes.

Soupe crémeuse au satay arachides et crevettes

PRÉPARATION 10 minutes • **TREMPAGE** 30 minutes • **CUISSON** 14 minutes • **QUANTITÉ** 4 portions

400 g (environ 1 lb) de nouilles de riz

30 ml (2 c. à soupe) d'huile végétale

5 échalotes sèches (françaises) hachées

150 g (⅓ de lb) de pleurotes érigés (*king oyster*) tranchés

12 grosses crevettes (calibre 21/25), crues et décortiquées

22,5 ml (1 ½ c. à soupe) de sauce soya

5 ml (1 c. à thé) de gingembre émincé

4 gousses d'ail hachées

7,5 ml (½ c. à soupe) de poudre de cari

30 ml (2 c. à soupe) de beurre d'arachide

15 ml (1 c. à soupe) de sucre

5 ml (1 c. à thé) de sel

1 litre (4 tasses) de bouillon de poulet

250 ml (1 tasse) de lait de coco

15 ml (1 c. à soupe) de sauce poisson

Pour la garniture :

1 lime (jus)

Feuilles de basilic thaï frais au goût

Arachides grillées au goût

1. Dans un bol, déposer les nouilles de riz. Couvrir d'eau tiède et laisser tremper 30 minutes. Égoutter.

2. Dans une casserole, chauffer l'huile à feu moyen. Cuire les échalotes, les champignons, les crevettes et 7,5 ml (½ c. à soupe) de sauce soya 4 minutes. Réserver dans une assiette.

3. Dans la même casserole, cuire le gingembre et l'ail 2 minutes à feu moyen.

4. Ajouter la poudre de cari, le beurre d'arachide, le sucre et le sel. Poursuivre la cuisson 1 minute en remuant.

5. Ajouter le bouillon de poulet, le lait de coco, le reste de la sauce soya et la sauce poisson. Porter à ébullition, puis laisser mijoter 5 minutes.

6. Réduire le feu à doux. Remettre la préparation aux champignons dans la casserole et porter à ébullition. Laisser mijoter 2 minutes.

7. Pendant ce temps, cuire les nouilles de riz 20 secondes dans une casserole d'eau bouillante. Égoutter.

8. Répartir les nouilles, le bouillon, les champignons et les crevettes dans des bols. Garnir de jus de lime, de basilic thaï et d'arachides grillées.

Thaïlandais

Soupe au poulet et noix de coco (tom kha gai)

PRÉPARATION 5 minutes • **CUISSON** 18 minutes • **QUANTITÉ** 4 portions

1 tige de citronnelle

4 échalotes sèches (françaises) hachées

30 g (1 oz) de galanga

750 ml (3 tasses) de bouillon de poulet

4 feuilles de lime kaffir

30 ml (2 c. à soupe) de sucre

30 ml (2 c. à soupe) de sauce poisson

5 ml (1 c. à thé) de sel

1 boîte de lait de coco 398 ml

200 g (environ ½ lb) de poulet coupé en fines lanières (hauts de cuisses ou poitrine)

1 poivron rouge coupé en fines lanières

75 g (2 ⅔ oz) de pleurotes érigés (*king oyster*) tranchés

75 g (2 ⅔ oz) de champignons enoki

400 g (environ 1 lb) de vermicelles de riz

Pour la garniture :

4 piments thaïs coupés en rondelles

2 limes (jus)

2 oignons verts coupés en biseau

4 tiges de coriandre fraîche hachées

Fèves germées au goût

1. Dans un mortier, déposer la citronnelle, les échalotes et le galanga. À l'aide du pilon, écraser grossièrement les aliments, en s'assurant de ne pas les réduire en purée.

2. Dans une casserole, porter le bouillon de poulet et 250 ml (1 tasse) d'eau à ébullition.

3. Ajouter la préparation à la citronnelle et les feuilles de lime kaffir. Poursuivre la cuisson 3 minutes à feu moyen.

4. À l'aide d'une passoire fine, filtrer le bouillon au-dessus d'un bol.

5. Remettre le bouillon dans la casserole. Ajouter le sucre, la sauce poisson, le sel, le lait de coco, le poulet, le poivron et les champignons. Cuire 15 minutes à feu moyen, jusqu'à ce que l'intérieur de la chair du poulet ait perdu sa teinte rosée. Au besoin, retirer du bouillon les impuretés créées par le poulet plusieurs fois en cours de cuisson.

6. Pendant ce temps, réhydrater les vermicelles 2 minutes dans une casserole d'eau bouillante. Égoutter.

7. Répartir les vermicelles, le bouillon, le poulet, le poivron et les champignons dans des bols. Garnir de piments thaïs, de jus de limes, d'oignons verts, de coriandre et de fèves germées.

Soupe au poulet à la citronnelle

PRÉPARATION 5 minutes • **CUISSON** 16 minutes • **QUANTITÉ** 4 portions • ❯

3 tiges de citronnelle

Sel et poivre au goût + 5 ml (1 c. à thé) de sel

150 g (⅓ de lb) de poitrine de poulet coupée en lanières

1 litre (4 tasses) de bouillon de poulet

50 g (1 ¾ oz) de galanga coupé en tranches

4 échalotes sèches (françaises) coupées en morceaux

4 feuilles de lime kaffir

15 ml (1 c. à soupe) de sauce poisson

2,5 ml (½ c. à thé) de bouillon de poulet déshydraté

2,5 ml (½ c. à thé) de sucre

30 ml (2 c. à soupe) de pâte de piments chili à l'huile de soya

100 g (3 ½ oz) de champignons bruns émincés

250 ml (1 tasse) de brocoli coupé en bouquets

2 limes (jus)

4 piments thaïs coupés en rondelles (facultatif)

400 g (environ 1 lb) de vermicelles de riz

Pour la garniture :

4 tiges de coriandre fraîche hachées

1. Hacher finement une tige de citronnelle et couper grossièrement les tiges restantes.

2. Saler et poivrer la poitrine de poulet.

3. Chauffer une poêle à feu moyen. Cuire le poulet de 5 à 7 minutes de chaque côté, jusqu'à ce que l'intérieur de la chair du poulet ait perdu sa teinte rosée. Réserver au chaud.

4. Pendant ce temps, porter le bouillon de poulet à ébullition dans une casserole. Ajouter la citronnelle, le galanga, les échalotes et les feuilles de lime kaffir. Porter à ébullition, puis laisser mijoter 5 minutes à feu moyen.

5. Ajouter la sauce poisson, le bouillon de poulet déshydraté, 5 ml (1 c. à thé) de sel, le sucre et la pâte de piments. Poursuivre la cuisson 1 minute. À l'aide d'une passoire fine, filtrer le bouillon au-dessus d'un bol.

6. Remettre la préparation dans la casserole. Ajouter les champignons bruns, le brocoli, la moitié du jus des limes et les piments thaïs. Laisser mijoter à feu doux pendant la cuisson des vermicelles.

7. Réhydrater les vermicelles 2 minutes dans une casserole d'eau bouillante. Égoutter.

8. Répartir les vermicelles, le bouillon et les légumes dans des bols. Garnir de coriandre et du reste du jus des limes.

Japonais

Quoi de mieux qu'un bon bol de ramen réconfortant ? Dans cette section, je vous propose une foule d'idées qui satisferont tous les goûts, avec plus de 17 recettes de bouillons différents pour mettre en valeur les ingrédients de ce pays! Et pour une soupe japonaise digne de ce nom, décorez votre soupe ramen d'œufs marinés au soya. C'est une petite touche finale qui change tout !

Ramen shio

PRÉPARATION 5 minutes • **CUISSON** 3 minutes • **QUANTITÉ** 4 portions

52,5 ml (3 ½ c. à soupe) de bouillon de poulet déshydraté

52,5 ml (3 ½ c. à soupe) d'huile de sésame

52,5 ml (3 ½ c. à soupe) de dashi en granules

1 pincée de sel

100 g (3 ½ oz) de bébés épinards

200 g (environ ½ lb) de nouilles ramen

4 œufs marinés au soya coupés en deux

2 oignons verts hachés

30 ml (2 c. à soupe) de graines de sésame

1. Dans une casserole, porter 1,5 litre (6 tasses) d'eau à ébullition. Ajouter le bouillon de poulet déshydraté, l'huile de sésame, le dashi et le sel, puis porter de nouveau à ébullition. Laisser mijoter jusqu'au moment de servir.

2. Dans une casserole d'eau bouillante, blanchir les épinards 1 minute. Retirer les épinards de la casserole et les refroidir sous l'eau froide. Égoutter.

3. Dans la même casserole d'eau bouillante, cuire les nouilles selon les indications de l'emballage.

4. Répartir les nouilles et le bouillon dans des bols. Garnir d'œufs marinés, d'épinards, d'oignons verts et de graines de sésame.

Œufs marinés au soya

Dans une casserole d'eau bouillante, déposer 4 œufs. Cuire 7 minutes afin d'obtenir un jaune d'œuf coulant. Égoutter et déposer immédiatement dans un bol d'eau glacée. Laisser reposer 5 minutes. Écaler les œufs. Dans un bol, mélanger 250 ml (1 tasse) de sauce soya avec 250 ml (1 tasse) d'eau et 60 ml (¼ de tasse) de mirin. Ajouter les œufs dans le bol, puis couvrir et laisser mariner 6 heures au frais. Les œufs marinés se conservent 3 jours au réfrigérateur.

Tous les bols de ramen peuvent être accompagnés d'un œuf mariné au soya.

Ramen au saumon grillé

PRÉPARATION 5 minutes • **CUISSON** 7 minutes • **QUANTITÉ** 4 portions

400 g (environ 1 lb) de filet de saumon, la peau enlevée et coupé en huit morceaux

1 litre (4 tasses) de bouillon de poulet

30 ml (2 c. à soupe) de miso

2,5 ml (½ c. à thé) de dashi en granules

1,25 ml (¼ de c. à thé) de sel

100 g (3 ½ oz) de bok choys Shanghai (environ 4 bok choys)

200 g (environ ½ lb) de nouilles ramen

1 feuille d'algue nori coupée en quatre carrés

50 g (1 ¾ oz) de maïs en grains

Graines de sésame au goût

2 oignons verts taillés en fins rubans

Pour la marinade :

60 ml (¼ de tasse) de sauce soya

20 ml (4 c. à thé) de miel

10 ml (2 c. à thé) d'huile de sésame

2,5 ml (½ c. à thé) de poivre noir moulu

2 gousses d'ail émincées

1. Préchauffer le four à 190 °C (375 °F).

2. Dans un petit bol, mélanger les ingrédients de la marinade.

3. Déposer les morceaux de saumon sur une plaque de cuisson tapissée de papier parchemin, puis les badigeonner de marinade. Cuire au four 7 minutes. Retirer du four.

4. Pendant ce temps, porter le bouillon de poulet à ébullition dans une casserole. Ajouter le miso, le dashi et le sel, puis remuer. Laisser mijoter 3 minutes à feu moyen en remuant.

5. Ajouter les bok choys et poursuivre la cuisson 1 minute.

6. Dans une casserole d'eau bouillante, cuire les nouilles ramen selon les indications de l'emballage.

7. Répartir les nouilles et les bok choys dans des bols. Ajouter le bouillon, puis répartir l'algue nori, le maïs et les morceaux de saumon. Garnir le saumon de graines de sésame, puis parsemer d'oignons verts.

Soupe udon aux crevettes tempura

PRÉPARATION 15 minutes • **CUISSON** 6 minutes • **QUANTITÉ** 4 portions

125 ml (½ tasse) de mélange à pâte tempura

8 grosses crevettes (calibre 21/25), crues et décortiquées

2 litres (8 tasses) d'huile végétale (pour la friture)

15 ml (1 c. à soupe) de dashi en granules

90 ml (6 c. à soupe) de sauce soya

90 ml (6 c. à soupe) de mirin

450 g (1 lb) de nouilles udon

50 g (1 ¾ oz) de décoration à base de pâté de poisson (narutomaki) surgelée, décongelée et coupée en rondelles

2 oignons verts émincés

1. Dans un bol, mélanger le mélange à pâte tempura avec environ 125 ml (½ tasse) d'eau, jusqu'à l'obtention d'une pâte liquide.

2. Sur des brochettes, piquer les crevettes sur la longueur de manière qu'elles ne soient plus courbées. Tremper les crevettes dans la pâte tempura.

3. Dans une friteuse ou dans une grande casserole, chauffer l'huile jusqu'à ce qu'elle atteigne une température de 180 °C (350 °F) sur un thermomètre à cuisson. Si une casserole est utilisée, bien surveiller la cuisson pour éviter que l'huile ne surchauffe et ne s'enflamme.

4. Faire frire les crevettes 3 minutes. Égoutter et déposer sur du papier absorbant. Laisser tiédir avant de retirer les brochettes.

5. Dans une casserole, mélanger 1,5 litre (6 tasses) d'eau avec le dashi, la sauce soya et le mirin. Porter à ébullition, puis laisser mijoter 3 minutes à feu doux-moyen.

6. Pendant ce temps, cuire les nouilles dans une casserole d'eau bouillante selon les indications de l'emballage.

7. Répartir les nouilles et le bouillon dans des bols. Garnir de crevettes tempura, de rondelles de décoration à base de pâté de poisson et d'oignons verts.

Ramen au miso et poulet karaage

PRÉPARATION 20 minutes • **MARINAGE** 15 minutes • **CUISSON** 15 minutes • **QUANTITÉ** 4 portions

15 ml (1 c. à soupe) d'huile végétale

2,5 ml (½ c. à thé) de gingembre haché

1 échalote sèche (française) hachée

2 gousses d'ail hachées

45 ml (3 c. à soupe) de miso

1 litre (4 tasses) de bouillon de poulet

5 ml (1 c. à thé) de dashi en granules

15 ml (1 c. à soupe) de sucre

5 ml (1 c. à thé) de sel

200 g (environ ½ lb) de nouilles ramen

125 ml (½ tasse) de maïs en grains

Oignons verts émincés au goût

Pour le poulet karaage :

450 g (1 lb) de hauts de cuisses de poulet désossés sans peau, coupés en cubes

30 ml (2 c. à soupe) de sauce soya

5 ml (1 c. à thé) de sucre

15 ml (1 c. à soupe) de gingembre râpé

1 gousse d'ail hachée

1 œuf

125 ml (½ tasse) de fécule de pomme de terre ou de farine de tapioca

2 litres (8 tasses) d'huile végétale (pour la friture)

Cette recette peut aussi être faite avec du porc karaage.

1. Dans un bol, mélanger le poulet avec la sauce soya, le sucre, le gingembre et l'ail. Couvrir et laisser mariner au minimum 15 minutes au frais.

2. Préparer deux assiettes creuses. Dans la première, battre l'œuf. Dans la seconde, déposer la fécule de pomme de terre. Tremper les morceaux de poulet marinés dans l'œuf, puis les enrober de fécule de pomme terre.

3. Dans une friteuse ou dans une grande casserole, chauffer l'huile jusqu'à ce qu'elle atteigne une température de 180 °C (350 °F) sur un thermomètre à cuisson. Si une casserole est utilisée, bien surveiller la cuisson pour éviter que l'huile ne surchauffe et ne s'enflamme.

4. Faire frire quelques morceaux de poulet à la fois de 5 à 7 minutes, jusqu'à ce que l'intérieur de la chair ait perdu sa teinte rosée et que l'extérieur du poulet soit doré. Égoutter et déposer sur du papier absorbant.

5. Dans une casserole, chauffer l'huile à feu moyen. Cuire le gingembre, l'échalote et l'ail 1 minute.

6. Ajouter le miso et poursuivre la cuisson 1 minute en remuant.

7. Ajouter le bouillon de poulet et 250 ml (1 tasse) d'eau, puis porter à ébullition. Ajouter le dashi, le sucre et le sel, puis laisser mijoter 3 minutes.

8. Pendant ce temps, cuire les nouilles ramen dans une casserole d'eau bouillante selon les indications de l'emballage.

9. Répartir les nouilles et le bouillon dans des bols. Ajouter le maïs et le poulet karaage, puis garnir d'oignons verts.

Soupe crémeuse tan tan

PRÉPARATION 15 minutes • **CUISSON** 8 minutes • **QUANTITÉ** 4 portions • ❯

90 ml (6 c. à soupe) de sauce soya

5 ml (1 c. à thé) de dashi en granules

5 ml (1 c. à thé) de mirin

60 ml (¼ de tasse) de pâte de sésame chinoise (zhi ma jiàng) ou de tahini

1 litre (4 tasses) de boisson de soya nature non sucrée

10 ml (2 c. à thé) de bouillon de poulet déshydraté

30 ml (2 c. à soupe) d'huile végétale

4 gousses d'ail hachées

30 ml (2 c. à soupe) de gingembre râpé

450 g (1 lb) de porc haché

30 ml (2 c. à soupe) de sauce aux huîtres

30 ml (2 c. à soupe) de sauce aux fèves et au piment rouge (toban djan)

50 g (1 ¾ oz) de mini-bok choys coupés en deux

400 g (environ 1 lb) de nouilles ramen

4 œufs marinés au soya coupés en deux (voir la recette à la page 106)

2 oignons verts hachés

15 ml (1 c. à soupe) d'huile infusée aux piments chili croustillants (de type Lao Gan Ma)

Graines de sésame au goût

1. Dans un bol, mélanger la sauce soya avec le dashi, le mirin et la pâte de sésame.

2. Dans une casserole, mélanger 500 ml (2 tasses) d'eau avec la boisson de soya et le bouillon de poulet. Porter à ébullition à feu moyen. Ajouter la préparation à la sauce soya et remuer. Réduire le feu à doux et laisser mijoter jusqu'au moment de servir.

3. Dans une poêle, chauffer l'huile végétale à feu élevé. Cuire l'ail et le gingembre 30 secondes.

4. Ajouter le porc haché et saisir de 2 à 3 minutes.

5. Ajouter la sauce aux huîtres et la sauce aux fèves. Poursuivre la cuisson 2 minutes en remuant, jusqu'à ce que la viande ait perdu sa teinte rosée. Retirer du feu.

6. Dans une casserole d'eau bouillante, cuire les bok choys 1 minute. Retirer de la casserole et réserver dans une assiette.

7. Dans la même casserole d'eau bouillante, cuire les nouilles selon les indications de l'emballage.

8. Répartir les nouilles et le bouillon dans des bols. Garnir d'œufs marinés, de préparation au porc haché, de bok choys, d'oignons verts, d'huile infusée aux piments chili et de graines de sésame.

Ramen au miso épicé

PRÉPARATION 10 minutes • **CUISSON** 11 minutes • **QUANTITÉ** 4 portions • ❯❯

30 ml (2 c. à soupe) d'huile végétale

200 g (environ ½ lb) de porc haché

45 ml (3 c. à soupe) de sauce aux fèves et au piment rouge (toban djan)

2,5 ml (½ c. à thé) de sel

15 ml (1 c. à soupe) de saké

3 gousses d'ail émincées

15 ml (1 c. à soupe) de gingembre râpé

1,5 litre (6 tasses) de bouillon de poulet

5 ml (1 c. à thé) de dashi en granules

45 ml (3 c. à soupe) de miso rouge

15 ml (1 c. à soupe) de pâte de sésame chinoise (zhi ma jiàng) ou de tahini

10 ml (2 c. à thé) de sucre

150 g (⅓ de lb) de champignons enoki

269 g (environ ½ lb) de nouilles ramen

250 ml (1 tasse) de maïs en grains

2 feuilles d'algue nori coupées en deux

4 œufs marinés au soya coupés en deux (voir la recette à la page 106)

2 oignons verts hachés

1. Dans une poêle, chauffer la moitié de l'huile à feu moyen. Cuire le porc haché 4 minutes en égrainant la viande à l'aide d'une cuillère en bois, jusqu'à ce qu'elle ait perdu sa teinte rosée.

2. Ajouter la sauce aux fèves et le sel, puis poursuivre la cuisson 2 minutes.

3. Déglacer avec le saké, en raclant le fond de la poêle avec une cuillère en bois afin de détacher les sucs de cuisson. Retirer du feu.

4. Dans une casserole, chauffer le reste de l'huile à feu moyen. Cuire l'ail et le gingembre 1 minute.

5. Ajouter le bouillon de poulet et le dashi, puis porter à ébullition en remuant.

6. Dans un petit bol, mélanger le miso avec la pâte de sésame et le sucre. Ajouter un peu de bouillon et remuer pour bien délayer la préparation, puis transvider dans la casserole.

7. Transvider la préparation au porc haché dans la casserole, puis ajouter les champignons. Cuire 4 minutes à feu moyen en remuant.

8. Pendant ce temps, cuire les nouilles dans une casserole d'eau bouillante selon les indications de l'emballage.

9. Répartir les nouilles et le bouillon dans des bols. Garnir de maïs, d'algue nori, d'œufs marinés et d'oignons verts.

Ramen végane style satay aux arachides

PRÉPARATION 5 minutes • **CUISSON** 12 minutes • **QUANTITÉ** 4 portions

20 ml (4 c. à thé) d'huile de sésame

2 gousses d'ail hachées

15 ml (1 c. à soupe) de gingembre émincé

150 g (⅓ de lb) de champignons enoki

90 ml (6 c. à soupe) de beurre d'arachide

1,5 litre (6 tasses) de bouillon de légumes

200 g (environ ½ b) de tofu ferme coupé en cubes

90 ml (6 c. à soupe) de sauce soya

30 ml (2 c. à soupe) de sucre

15 ml (1 c. à soupe) de mirin

200 g (environ ½ lb) de nouilles ramen

60 ml (¼ de tasse) d'arachides rôties hachées

2 oignons verts émincés

1. Dans une casserole, chauffer 5 ml (1 c. à thé) d'huile à feu élevé. Cuire l'ail et le gingembre 1 minute.

2. Ajouter les champignons et poursuivre la cuisson 1 minute. Ajouter le beurre d'arachide et remuer.

3. Ajouter le bouillon de légumes, puis porter à ébullition. Ajouter les cubes de tofu et laisser mijoter 5 minutes à feu moyen.

4. Ajouter la sauce soya, le sucre, le mirin et le reste de l'huile. Poursuivre la cuisson 5 minutes à feu doux.

5. Pendant ce temps, cuire les nouilles dans une casserole d'eau bouillante selon les indications de l'emballage.

6. Répartir les nouilles et le bouillon dans des bols. Garnir d'arachides rôties et d'oignons verts.

Ramen au porc chashu

PRÉPARATION 20 minutes • **TREMPAGE** 30 minutes • **CUISSON** 2 heures 16 minutes
TEMPS DE REPOS 1 heure • **RÉFRIGÉRATION** 8 heures • **QUANTITÉ** 4 portions

1,1 kg (2 ½ lb) de flanc de porc

30 ml (2 c. à soupe)
d'huile végétale

125 ml (½ tasse) de champignons noirs séchés

750 ml (3 tasses) de
bouillon de poulet

Sel au goût

30 ml (2 c. à soupe) de miso

400 g (environ 1 lb)
de nouilles ramen

250 ml (1 tasse) de maïs
en grains

Gingembre mariné rouge
au goût

Pour la marinade :

4 oignons verts

1 morceau de gingembre
de 5 cm (2 po) coupé en
quatre tranches

60 ml (¼ de tasse) de saké
(facultatif)

250 ml (1 tasse)
de sauce soya

80 ml (⅓ de tasse) de sucre

30 ml (2 c. à soupe) de mirin

**Photos et façon de faire
à la page suivante**

Le reste de
la marinade peut
servir à mariner
des œufs cuits
dur ou d'autres
viandes !

Étapes de préparation du ramen au porc chashu

1. Couper les oignons verts en deux. Conserver la partie blanche entière, puis émincer la partie verte. Réserver la partie verte.

2. Dans une casserole, mélanger 500 ml (2 tasses) d'eau avec la partie blanche des oignons verts, le gingembre, le saké, la sauce soya, le sucre et le mirin. Porter à ébullition à feu moyen-élevé, puis retirer du feu.

3. Rouler le flanc de porc sur lui-même (afin de lui donner la forme d'une bûche de Noël) et le ficeler très serré.

Photos et façon de faire en étapes à la page suivante

4. Dans une poêle (préférablement en fonte), chauffer la moitié de l'huile à feu élevé. Saisir le flanc de porc environ 10 minutes sur toutes les faces, jusqu'à ce que toute la surface du flanc soit dorée.

5. Déposer le porc dans la casserole contenant la marinade, puis remettre sur le feu et porter à ébullition. Retirer les impuretés qui apparaissent en surface de la marinade. Couvrir en laissant une petite ouverture, puis laisser mijoter 2 heures à feu doux en retournant le flanc toutes les 30 minutes.

6. Retirer du feu et laisser reposer 1 heure à température ambiante, sans retirer le couvercle. Placer au réfrigérateur au minimum 8 heures, ou toute une nuit.

7. Retirer la couche de gras formée sur la marinade, puis retirer le flanc de la casserole. Conserver environ 120 ml (environ ½ tasse) de marinade pour le ramen, puis réserver le reste au réfrigérateur pour une utilisation ultérieure.

8. Couper le flanc de porc en rondelles de 2 mm d'épaisseur. Conserver de huit à douze tranches de porc pour le ramen, puis réserver le reste au réfrigérateur pour une utilisation ultérieure.

9. Déposer les champignons séchés dans un bol. Couvrir d'eau tiède et laisser réhydrater 30 minutes. Égoutter.

10. Dans une poêle, chauffer le reste de l'huile à feu moyen-élevé. Saisir les tranches de porc 2 minutes de chaque côté. Ajouter 30 ml (2 c. à soupe) de marinade réservée dans la poêle et remuer.

11. Dans une autre casserole, mélanger le bouillon de poulet avec 750 ml (3 tasses) d'eau et 90 ml (6 c. à soupe) de marinade réservée. Porter à ébullition. Ajouter le sel et le miso, puis remuer.

12. Dans une casserole d'eau bouillante, cuire les nouilles selon les indications de l'emballage.

13. Répartir les nouilles et le bouillon dans des bols. Ajouter deux ou trois tranches de porc chashu dans chaque bol. Garnir de maïs, de gingembre mariné et de la partie verte des oignons verts.

Étapes de préparation pour le porc chashu

1

Sur une surface de travail propre et lisse, déposer la pièce de porc.

2

Rouler le flanc de porc sur lui-même (afin de lui donner la forme d'une bûche de Noël).

3

Voici ce à quoi votre rouleau devrait ressembler.

4

À l'aide de morceaux de ficelle de boucher, attacher le rouleau de viande afin qu'il ne se déroule pas.

Soupe cari katsu

PRÉPARATION 15 minutes • **CUISSON** 9 minutes • **QUANTITÉ** 4 portions

2 escalopes de porc de 100 g (3 ½ oz) chacune

3 pincées de sel

250 ml (1 tasse) de farine tout usage

2,5 ml (½ c. à thé) de poudre d'ail

2,5 ml (½ c. à thé) de poivre noir moulu

2 œufs

500 ml (2 tasses) de chapelure panko

1 litre (4 tasses) d'huile de canola (pour la friture)

2 oignons verts

2 gousses d'ail hachées

250 ml (1 tasse) de bouillon de poulet

1 sachet de mélange à sauce pour cari japonais (de type Golden Curry) de 92 g

400 g (environ 1 lb) de nouilles ramen

1. À l'aide d'un attendrisseur à viande, attendrir les escalopes de porc. Assaisonner les escalopes d'une pincée de sel de chaque côté.

2. Préparer trois assiettes creuses. Dans la première, mélanger la farine avec la poudre d'ail et le poivre. Dans la deuxième, battre les œufs. Dans la troisième, déposer la chapelure.

3. Fariner les escalopes, les tremper dans les œufs battus, puis les enrober de chapelure.

4. Dans une friteuse ou dans une grande casserole, chauffer l'huile jusqu'à ce qu'elle atteigne une température de 180 °C (350 °F) sur un thermomètre à cuisson. Si une casserole est utilisée, bien surveiller la cuisson pour éviter que l'huile ne surchauffe et ne s'enflamme.

5. Faire frire les escalopes 2 minutes d'un côté. Retourner les escalopes et poursuivre la cuisson 2 minutes, jusqu'à ce que les deux faces soient dorées. Égoutter et déposer sur du papier absorbant.

6. Couper les oignons verts en deux. Conserver la partie blanche entière, puis tailler la partie verte en fins rubans. Réserver la partie verte.

7. Dans une casserole, chauffer un filet d'huile de canola à feu élevé. Cuire la partie blanche des oignons verts et l'ail 1 minute.

8. Ajouter 1 litre (4 tasses) d'eau et le bouillon de poulet, puis porter à ébullition. Ajouter le mélange à sauce pour cari et laisser mijoter 2 minutes. Ajouter une pincée de sel.

9. Ajouter les nouilles dans le bouillon et cuire selon les indications de l'emballage.

10. Couper les escalopes panées en lanières.

11. Répartir les nouilles et le bouillon dans des bols. Ajouter les escalopes de porc, puis garnir de la partie verte des oignons verts.

Soupe japonaise aux nouilles udon

PRÉPARATION 10 minutes • **CUISSON** 2 minutes • **QUANTITÉ** 4 portions

450 g (1 lb) de nouilles udon surgelées

20 ml (4 c. à thé) de dashi en granules

20 ml (4 c. à thé) de sauce soya

20 ml (4 c. à thé) de mirin

1,25 ml (¼ de c. à thé) de sel

1,25 ml (¼ de c. à thé) de sucre

50 g (1 ¾ oz) de décoration à base de pâté de poisson (narutomaki) surgelée, décongelée et coupée en tranches

1 feuille d'algue nori coupée en fines juliennes

2 oignons verts émincés

1 pincée de flocons de piment en poudre (ichimi togarashi)(facultatif)

1. Dans une casserole d'eau bouillante, cuire les nouilles selon les indications de l'emballage.

2. Pendant ce temps, mélanger 1 litre (4 tasses) d'eau avec le dashi, la sauce soya, le mirin, le sel et le sucre dans une autre casserole. Porter à ébullition.

3. Répartir les nouilles dans des bols, puis verser le bouillon. Garnir de décoration à base de pâté de poisson, d'algue nori, d'oignons verts et, si désiré, de flocons de piment.

Ramen tonkatsu crémeux (version express)

PRÉPARATION 5 minutes • **TREMPAGE** 30 minutes • **CUISSON** 7 minutes • **QUANTITÉ** 4 portions

50 g (1 ¾ oz) de champignons noirs séchés émincés

500 ml (2 tasses) de bouillon de poulet

500 ml (2 tasses) de boisson de soya nature non sucrée

2,5 ml (½ c. à thé) de dashi en granules

10 ml (2 c. à thé) de bouillon de porc déshydraté

7,5 ml (½ c. à soupe) de sel

45 ml (3 c. à soupe) de sauce soya

7,5 ml (½ c. à soupe) de mirin

200 g (environ ½ lb) de nouilles ramen

4 tranches de porc chashu (voir la recette à la page 120)

4 œufs marinés au soya coupés en deux (voir la recette à la page 106)

2 oignons verts taillés en rubans au goût

Graines de sésame au goût

1. Déposer les champignons séchés dans un bol. Couvrir d'eau tiède et laisser réhydrater 30 minutes. Égoutter.

2. Dans une casserole, mélanger 500 ml (2 tasses) d'eau avec le bouillon de poulet et la boisson de soya. Porter à ébullition. Ajouter le dashi, le bouillon de porc, le sel, la sauce soya et le mirin, puis laisser mijoter 3 minutes à feu moyen.

3. Pendant ce temps, cuire les champignons réhydratés 2 minutes dans une autre casserole à feu moyen.

4. Ajouter les nouilles dans le bouillon et cuire selon les indications de l'emballage.

5. Répartir les nouilles et le bouillon dans des bols. Garnir de porc chashu, de champignons noirs, d'œufs marinés, d'oignons verts et de graines de sésame.

Ramen au bœuf et brocoli

PRÉPARATION 5 minutes • **MARINAGE** 30 minutes • **CUISSON** 10 minutes • **QUANTITÉ** 4 portions

1,5 litre (6 tasses) de bouillon de bœuf

5 ml (1 c. à thé) de bouillon de bœuf déshydraté

5 ml (1 c. à thé) de sel

15 ml (1 c. à soupe) d'ail haché

15 ml (1 c. à soupe) de gingembre haché

15 ml (1 c. à soupe) de mirin

15 ml (1 c. à soupe) d'huile de sésame

375 ml (1 ½ tasse) de brocoli coupé en petits bouquets

250 ml (1 tasse) de maïs surgelé

200 g (environ ½ lb) de nouilles ramen

2 oignons verts émincés

Graines de sésame au goût

Pour le bœuf mariné :

30 ml (2 c. à soupe) de sauce soya

15 ml (1 c. à soupe) de mirin

2 gousses d'ail hachées finement

2,5 ml (½ c. à thé) d'huile de sésame

200 g (environ ½ lb) de bavette de bœuf

1. Dans un bol, mélanger la sauce soya avec le mirin, l'ail et l'huile de sésame de la marinade. Ajouter la bavette de bœuf et remuer. Couvrir et laisser mariner 30 minutes à température ambiante.

2. Dans une casserole, porter le bouillon de bœuf à ébullition. Ajouter le bouillon de bœuf déshydraté, le sel, l'ail, le gingembre et le mirin, puis laisser mijoter 3 minutes à feu moyen. Ajouter l'huile de sésame et remuer. Réserver au chaud.

3. Dans une casserole d'eau bouillante, cuire le brocoli 1 minute. Retirer le brocoli de la casserole et réserver.

4. Dans la même casserole d'eau bouillante, cuire le maïs 1 minute. Égoutter.

5. Chauffer une poêle à feu élevé. Cuire la bavette de bœuf marinée de 3 à 4 minutes, selon l'épaisseur de la viande. Retirer de la poêle et laisser reposer quelques minutes avant de trancher en lanières.

6. Dans une autre casserole d'eau bouillante, cuire les nouilles selon les indications de l'emballage.

7. Répartir les nouilles et le bouillon dans des bols. Ajouter les tranches de bœuf, le maïs et le brocoli. Garnir d'oignons verts et de graines de sésame.

Ramen au tofu grillé épicé (végé)

PRÉPARATION 5 minutes • **MARINAGE** 15 minutes • **CUISSON** 9 minutes • **QUANTITÉ** 4 portions

400 g (environ 1 lb) de tofu ferme

30 ml (2 c. à soupe) d'huile végétale

150 g (⅓ de lb) de shiitakes coupés en tranches

1 litre (4 tasses) de bouillon de légumes

500 ml (2 tasses) de boisson de soya nature non sucrée

200 g (environ ½ lb) de nouilles ramen

250 ml (1 tasse) d'edamames décortiqués cuits

Oignons verts taillés en rubans au goût

Pour la pâte de miso épicée :

6 gousses d'ail

1 petit oignon jaune coupé en tranches

250 ml (1 tasse) de miso blanc

45 ml (3 c. à soupe) de sambal oelek

45 ml (3 c. à soupe) de sauce soya

45 ml (3 c. à soupe) de mirin

30 ml (2 c. à soupe) d'huile végétale

15 ml (1 c. à soupe) de gingembre râpé

15 ml (1 c. à soupe) d'huile de sésame

1. Dans le contenant du mélangeur électrique, déposer les ingrédients de la pâte de miso épicée. Mélanger jusqu'à l'obtention d'une pâte.

2. À l'aide de papier absorbant, éponger et presser le tofu. Couper le tofu en dés.

3. Dans un bol, mélanger le tofu avec 125 ml (½ tasse) de pâte de miso épicée. Laisser mariner 15 minutes à température ambiante.

4. Dans une casserole, chauffer la moitié de l'huile à feu élevé. Cuire les shiitakes avec 125 ml (½ tasse) de pâte de miso épicée 2 minutes en remuant.

5. Ajouter le bouillon de légumes et la boisson de soya dans la casserole, puis porter à ébullition.

6. Dans une poêle, chauffer le reste de l'huile à feu moyen-élevé. Cuire le tofu de 5 à 7 minutes en remuant, jusqu'à ce qu'il soit doré.

7. Dans une casserole d'eau bouillante, cuire les nouilles selon les indications de l'emballage.

8. Répartir les nouilles et le bouillon dans des bols. Garnir de tofu mariné, d'edamames et d'oignons verts.

Ramen aux champignons et oignons sautés

PRÉPARATION 10 minutes • **TREMPAGE** 30 minutes • **CUISSON** 7 minutes • **QUANTITÉ** 4 portions

100 g (3 ½ oz) de shiitakes séchés

15 ml (1 c. à soupe) d'huile végétale

2 gousses d'ail hachées

15 ml (1 c. à soupe) de gingembre râpé

1 oignon coupé en tranches

100 g (3 ½ oz) de carotte coupée en juliennes

1,5 litre (6 tasses) de bouillon de légumes

30 ml (2 c. à soupe) de sauce soya

5 ml (1 c. à thé) de sel

100 g (3 ½ oz) de mini-bok choys

400 g (environ 1 lb) de nouilles ramen

50 g (1 ¾ oz) de fèves germées

2 oignons verts émincés

1. Déposer les champignons séchés dans un bol. Couvrir d'eau tiède et laisser réhydrater 30 minutes. Égoutter, puis couper en tranches.

2. Dans une poêle, chauffer l'huile à feu élevé. Cuire l'ail et le gingembre 30 secondes.

3. Ajouter l'oignon et cuire 1 minute.

4. Ajouter les shiitakes réhydratés et la carotte, puis poursuivre la cuisson 3 minutes. Retirer du feu et réserver.

5. Dans une casserole, mélanger le bouillon de légumes avec la sauce soya et le sel. Porter à ébullition. Ajouter les bok choys, puis porter de nouveau à ébullition. Laisser mijoter jusqu'au moment de servir.

6. Dans une casserole d'eau bouillante, cuire les nouilles selon les indications de l'emballage.

7. Répartir les nouilles et le bouillon dans des bols. Ajouter la préparation aux shiitakes, les fèves germées et les oignons verts.

Soupe miso au saumon et edamames

PRÉPARATION 5 minutes • **MARINAGE** 15 minutes • **CUISSON** 11 minutes • **QUANTITÉ** 4 portions

4 filets de saumon de 100 g (3 ½ oz) chacun, la peau enlevée

60 ml (¼ de tasse) de sauce teriyaki

10 ml (2 c. à thé) d'ail haché

30 ml (2 c. à soupe) d'huile végétale

30 ml (2 c. à soupe) de gingembre râpé

17,5 ml (3 ½ c. à thé) de dashi en granules

10 g (environ ⅓ d'oz) d'algue kombu

30 ml (2 c. à soupe) de sauce soya

1 pincée de sel

30 ml (2 c. à soupe) de mirin

400 g (environ 1 lb) de nouilles ramen

250 ml (1 tasse) d'edamames décortiqués cuits

2 oignons verts émincés

30 ml (2 c. à soupe) de graines de sésame

1 filet d'huile de sésame

1. Dans un bol, mélanger les filets de saumon avec la sauce teriyaki et la moitié de l'ail. Laisser mariner 15 minutes à température ambiante.

2. Dans un poêle, chauffer l'huile végétale à feu moyen. Cuire les filets de saumon de 8 à 10 minutes, jusqu'à ce qu'ils soient bien dorés.

3. Pendant ce temps, chauffer une casserole à feu moyen. Cuire le reste de l'ail et le gingembre 30 secondes.

4. Ajouter 1,5 litre (6 tasses) d'eau, le dashi et l'algue kombu dans la casserole. Porter à ébullition, puis laisser mijoter 5 minutes à feu doux.

5. Ajouter la sauce soya, le sel et le mirin. Poursuivre la cuisson 3 minutes à feu doux.

6. Dans une casserole d'eau bouillante, cuire les nouilles selon les indications de l'emballage.

7. Répartir les nouilles et le bouillon dans des bols. Ajouter le saumon et les edamames, puis garnir d'oignons verts, de graines de sésame et d'huile de sésame.

Soupe crémeuse aux champignons et miso

PRÉPARATION 5 minutes • **CUISSON** 9 minutes • **QUANTITÉ** 4 portions

30 ml (2 c. à soupe) d'huile végétale

½ oignon blanc émincé

5 gousses d'ail hachées

250 ml (1 tasse) de champignons blancs

250 ml (1 tasse) de champignons shimeji ou enoki

30 ml (2 c. à soupe) de poudre de champignons

5 ml (1 c. à thé) de sel

15 ml (1 c. à soupe) de sauce soya

1,5 litre (6 tasses) de bouillon de légumes

250 ml (1 tasse) de lait de coco

60 ml (¼ de tasse) de miso

400 g (environ 1 lb) de nouilles ramen

2 oignons verts émincés

1. Dans une casserole, chauffer l'huile à feu élevé. Cuire l'oignon, l'ail et les champignons 5 minutes en remuant.

2. Ajouter la poudre de champignons, le sel, la sauce soya et le bouillon de légumes, puis porter à ébullition.

3. Ajouter le lait de coco et le miso, puis porter de nouveau à ébullition.

4. Ajouter les nouilles et poursuivre la cuisson 4 minutes.

5. Répartir la soupe dans des bols, puis garnir d'oignons verts.

Chinois

Ici, vous trouverez des soupes chinoises authentiques, les meilleurs classiques provenant du nord et du sud de la Chine. Petit coup de cœur pour l'huile infusée aux piments chili que j'utilise généreusement pour garnir ces soupes !

Soupe de nouilles au bœuf de Lanzhou

PRÉPARATION 10 minutes • **CUISSON** 2 heures 55 minutes • **QUANTITÉ** 8 portions • ❱❱

700 g (environ 1 ½ lb) d'os de bœuf

815 g (1,8 lb) de jarrets de bœuf

5 clous de girofle

2 feuilles de laurier

1 noix de muscade

1 anis étoilé

1 bâton de cannelle

5 ml (1 c. à thé) de poivre du Sichuan moulu

5 ml (1 c. à thé) de grains de fenouil

5 gousses d'ail

1 morceau de gingembre de 5 cm (2 po) coupé en tranches

8 oignons verts émincés (partie blanche seulement)

1 daïkon

15 à 20 ml (3 à 4 c. à thé) de sel (ou plus, au goût)

5 ml (1 c. à thé) de sucre

2,5 ml (½ c. à thé) de bouillon de bœuf déshydraté

400 g (environ 1 lb) de nouilles au choix

15 à 30 ml (1 à 2 c. à soupe) d'huile infusée aux piments chili croustillants (de type Lao Gan Ma)

Feuilles de coriandre fraîche au goût

1. Dans une grande casserole d'eau bouillante, blanchir les os et les jarrets de bœuf 5 minutes. Égoutter. Rincer les os et les jarrets à l'eau froide. Égoutter de nouveau.

2. Dans la même casserole nettoyée, verser 2,5 litres (10 tasses) d'eau. Ajouter les os et les jarrets. Porter à ébullition.

3. Réduire le feu à doux-moyen. Ajouter les épices, l'ail, le gingembre et les oignons verts, puis couvrir en laissant une petite ouverture et laisser mijoter 2 heures 30 minutes.

4. Pendant ce temps, peler le daïkon, puis le couper en rondelles. Couper les rondelles en quatre. Réserver.

5. Ajouter le sel, le sucre et le bouillon déshydraté dans la casserole. Remuer et poursuivre la cuisson 5 minutes.

6. Retirer les jarrets de la casserole et les couper en tranches. Réserver.

7. Au-dessus d'un grand bol, filtrer le bouillon à l'aide d'un tamis. Remettre le bouillon filtré dans la casserole et jeter les épices.

8. Ajouter le daïkon dans la casserole et cuire 15 minutes à feu moyen.

9. Dans une casserole d'eau bouillante, cuire les nouilles selon les indications de l'emballage.

10. Répartir les nouilles, le bouillon et le daïkon dans des bols. Garnir de tranches de jarrets de bœuf, d'huile infusée aux piments chili et de coriandre.

Soupe au miso épicée et dumplings

PRÉPARATION 5 minutes • **CUISSON** 9 minutes • **QUANTITÉ** 4 portions • 🌶🌶

1,5 litre (6 tasses) de bouillon de poulet

15 ml (1 c. à soupe) de sauce soya

15 ml (1 c. à soupe) de sauce aux huîtres

15 ml (1 c. à soupe) de gingembre haché

30 ml (2 c. à soupe) de miso

250 g (environ ½ lb) de nouilles au choix

16 dumplings au choix (faits maison ou surgelés)

100 g (3 ½ oz) de bok choys Shanghai

2 oignons verts effilés

1 filet d'huile de sésame

30 ml (2 c. à soupe) d'huile infusée aux piments chili croustillants (de type Lao Gan Ma)

1. Dans une casserole, porter le bouillon de poulet à ébullition. Ajouter la sauce soya, la sauce aux huîtres et le gingembre, puis remuer.

2. Ajouter le miso et remuer jusqu'à ce qu'il soit dissous. Laisser mijoter 5 minutes à feu moyen.

3. Pendant ce temps, cuire les nouilles dans une casserole d'eau bouillante selon les indications de l'emballage. Retirer les nouilles de la casserole et les rincer à l'eau froide afin de leur donner une belle texture. Réserver.

4. Dans la même casserole d'eau bouillante, cuire les dumplings 3 minutes. Retirer de la casserole et réserver.

5. Cuire les bok choys 1 minute dans la même casserole d'eau bouillante. Égoutter.

6. Répartir les nouilles, les dumplings, les bok choys et le bouillon dans des bols. Garnir d'oignons verts, d'huile de sésame et d'huile infusée aux piments chili.

Cette soupe est la fusion parfaite des aliments de la Chine avec les arômes du Japon. Le miso, une pâte fermentée d'origine japonaise, apporte une petite touche spéciale à cette soupe typiquement chinoise.

Soupe aux macaronis, jambon et œufs style Hong Kong

PRÉPARATION 5 minutes • **CUISSON** 15 minutes • **QUANTITÉ** de 4 à 6 portions

250 ml (1 tasse) de macaronis

1 litre (4 tasses) de bouillon de poulet

400 g (environ 1 lb) de pois, de carottes et de maïs surgelés

5 ml (1 c. à thé) d'huile de sésame

30 ml (2 c. à soupe) de sauce soya

30 ml (2 c. à soupe) de sauce aux huîtres

30 ml (2 c. à soupe) d'huile végétale

4 œufs

150 g (⅓ de lb) de viande froide en conserve (de type SPAM) coupée en petits cubes

Poivre noir moulu au goût

1. Dans une casserole d'eau bouillante, cuire les macaronis selon les indications de l'emballage. Il n'est pas nécessaire de saler l'eau. Égoutter.

2. Pendant ce temps, porter le bouillon de poulet à ébullition dans une autre casserole. Ajouter les légumes surgelés, l'huile de sésame, la sauce soya et la sauce aux huîtres. Porter de nouveau à ébullition, puis laisser mijoter 10 minutes à feu moyen.

3. Dans une poêle, chauffer l'huile végétale à feu moyen. Casser les œufs, puis les faire frire jusqu'à ce que le dessous soit doré et croustillant. Réserver dans une assiette.

4. Dans la même poêle, faire dorer les cubes de viande froide sur toutes les faces 2 minutes à feu moyen.

5. Répartir les macaronis, les légumes et le bouillon dans des bols. Garnir de cubes de viande froide, puis ajouter un œuf frit dans chaque bol. Poivrer.

Soupe wonton aux crevettes et nouilles aux œufs

PRÉPARATION 45 minutes • **CUISSON** 15 minutes • **QUANTITÉ** 4 portions

Pour les wontons (environ 60 wontons) :

700 g (environ 1 ½ lb) de grosses crevettes (calibre 21/25), crues, décortiquées et hachées

90 g (environ 3 ¼ oz) de gingembre râpé

30 ml (2 c. à soupe) de farine de tapioca ou de fécule de maïs

30 ml (2 c. à soupe) de vin de cuisson chinois (shaoxing) (facultatif)

10 ml (2 c. à thé) de sucre

10 ml (2 c. à thé) de bouillon de poulet déshydraté

10 ml (2 c. à thé) d'huile de sésame

5 ml (1 c. à thé) de sel

2,5 ml (½ c. à thé) de poivre noir moulu

4 gousses d'ail hachées

4 oignons verts hachés

1 œuf battu

1 paquet de feuilles de pâte à wontons fraîches de 220 g

Pour le bouillon :

1 litre (4 tasses) de bouillon de poulet

2 morceaux de gingembre de 5 cm (2 po) chacun

5 oignons verts coupés en tronçons

5 tiges de coriandre fraîche

15 ml (1 c. à soupe) de sel

15 ml (1 c. à soupe) de sucre

15 ml (1 c. à soupe) de sauce soya

400 g (environ 1 lb) de nouilles wonton aux œufs

100 g (3 ½ oz) de bok choys Shanghai

Pour la garniture :

2 oignons verts hachés

2 tiges de coriandre fraîche

Ail frit en flocons au goût

1. Dans un bol, mélanger les ingrédients des wontons, à l'exception de l'œuf et des feuilles de pâte.

2. Placer une feuille de pâte à wontons dans une main. Couvrir les autres feuilles d'un linge humide. Déposer environ 5 ml (1 c. à thé) de garniture au centre de la feuille. Tremper un doigt dans l'œuf battu et en badigeonner tout le rebord de la feuille. Assembler le wonton selon la méthode de pliage désirée et répéter afin de former 60 wontons. Conserver de 25 à 30 wontons pour la soupe et réserver le reste au congélateur pour une utilisation ultérieure.

3. Dans une casserole, mélanger 250 ml (1 tasse) d'eau avec le bouillon de poulet. Porter à ébullition. Ajouter le gingembre, les oignons verts et la coriandre, puis laisser mijoter 10 minutes à feu moyen.

4. Ajouter le sel, le sucre et la sauce soya, puis poursuivre la cuisson 5 minutes.

5. Pendant ce temps, cuire les nouilles wonton aux œufs 2 minutes dans une casserole d'eau bouillante. Retirer les nouilles de la casserole et réserver.

6. Dans la même casserole d'eau bouillante, cuire les bok choys 30 secondes. Retirer de la casserole et réserver.

7. Cuire les wontons 3 minutes dans la même casserole d'eau bouillante. Égoutter.

8. Répartir les nouilles, les bok choys, les wontons et le bouillon dans des bols. Garnir d'oignons verts, de coriandre et d'ail frit.

Soupe dan dan

PRÉPARATION 15 minutes • **CUISSON** 10 minutes • **QUANTITÉ** de 4 à 6 portions • ❱❱

15 ml (1 c. à soupe) d'huile végétale

4 gousses d'ail hachées

350 g (environ ¾ de lb) de porc haché

5 ml (1 c. à thé) de gingembre haché

85 g (3 oz) de légumes fermentés

2,5 ml (½ c. à thé) de sucre

5 ml (1 c. à thé) de sel

400 g (environ 1 lb) de nouilles dan dan (nouilles de blé blanches fines)

30 ml (2 c. à soupe) d'huile infusée aux piments chili croustillants (de type Lao Gan Ma)

2 oignons verts tranchés

Pour le bouillon :

1 litre (4 tasses) de bouillon de poulet

60 ml (¼ de tasse) de sauce soya

45 ml (3 c. à soupe) de vinaigre noir chinois

15 ml (1 c. à soupe) de pâte de sésame chinoise (zhi ma jiàng) ou de tahini

15 ml (1 c. à soupe) d'huile de sésame

5 ml (1 c. à thé) de grains de poivre du Sichuan écrasés

1. Dans une casserole, porter le bouillon de poulet à ébullition. Ajouter la sauce soya, le vinaigre noir, la pâte de sésame, l'huile de sésame et le poivre du Sichuan. Laisser mijoter 10 minutes à feu moyen.

2. Pendant ce temps, chauffer l'huile végétale à feu élevé dans une poêle. Cuire l'ail 15 secondes.

3. Ajouter le porc haché, le gingembre, les légumes fermentés, le sucre et le sel. Cuire 5 minutes en égrainant la viande à l'aide d'une cuillère en bois, jusqu'à ce qu'elle ait perdu sa teinte rosée.

4. Dans une casserole d'eau bouillante, cuire les nouilles dan dan 4 minutes. Égoutter. Rincer à l'eau froide et égoutter de nouveau.

5. Répartir les nouilles et le bouillon dans des bols. Garnir de préparation au porc, puis d'huile infusée aux piments chili et d'oignons verts.

Soupe au poulet épicé du Sichuan

PRÉPARATION 15 minutes • **CUISSON** 30 minutes • **QUANTITÉ** 4 portions • 🌶

30 ml (2 c. à soupe) d'huile végétale

15 g (environ ½ oz) de gingembre coupé en tranches (45 ml – 3 c. à soupe)

2 gousses d'ail hachées

1 bâton de cannelle

3 anis étoilés

1 clou de girofle

5 ml (1 c. à thé) de grains de poivre du Sichuan

5 ml (1 c. à thé) de flocons de piment

15 ml (1 c. à soupe) de sauce aux fèves et au piment rouge (toban djan) ou de sauce aux fèves de soya mélangée avec du sambal oelek

1,5 litre (6 tasses) de bouillon de poulet

2 poitrines de poulet sans peau

5 ml (1 c. à thé) de sel

750 ml (3 tasses) de chou chinois émincé

400 g (environ 1 lb) de nouilles de blé orientales

Oignons verts hachés au goût

1. Dans une casserole, chauffer l'huile à feu moyen. Cuire le gingembre 1 minute.

2. Ajouter l'ail, la cannelle, les anis étoilés et le clou de girofle. Cuire 2 minutes en remuant.

3. Ajouter le poivre du Sichuan, les flocons de piment et la sauce aux fèves, puis poursuivre la cuisson 2 minutes en remuant.

4. Verser le bouillon de poulet dans la casserole et porter à ébullition. Ajouter le poulet et le sel, puis laisser mijoter 20 minutes à feu doux-moyen, jusqu'à ce que l'intérieur de la chair du poulet ait perdu sa teinte rosée.

5. Retirer le poulet de la casserole et l'effilocher. Réserver.

6. Au-dessus d'un grand bol, filtrer le bouillon à l'aide d'un tamis. Remettre le bouillon filtré dans la casserole et jeter les épices.

7. Porter de nouveau à ébullition. Ajouter le chou chinois dans la casserole, puis cuire 5 minutes à feu moyen.

8. Pendant ce temps, cuire les nouilles de blé 4 minutes dans une casserole d'eau bouillante. Égoutter.

9. Répartir les nouilles, le chou et le bouillon dans des bols. Garnir de poulet effiloché et d'oignons verts.

Soupe aux nouilles transparentes, poulet et champignons noirs

PRÉPARATION 15 minutes • **CUISSON** 1 heure 20 minutes • **QUANTITÉ** 4 portions • 🌶

1 poulet entier de 1,35 kg (3 lb)

2 gros oignons coupés en deux

1 morceau de gingembre de 2,5 cm (1 po) coupé en deux

4 oignons verts hachés (parties blanches et vertes séparées)

3 shiitakes séchés

25 ml (5 c. à thé) de sel

5 ml (1 c. à thé) de sucre

5 ml (1 c. à thé) de bouillon de poulet déshydraté

20 g (environ ¾ d'oz) de champignons noirs séchés

200 g (environ ½ lb) de vermicelles de patates douces à la coréenne

1 filet d'huile végétale

15 ml (1 c. à soupe) d'échalote sèche (française) émincée

1 gousse d'ail hachée

7,5 ml (½ c. à soupe) de sauce poisson

Coriandre fraîche émincée au goût

Huile infusée aux piments chili croustillants (de type Lao Gan Ma) au goût

1. Dans une grande casserole d'eau bouillante, blanchir le poulet entier 5 minutes. Égoutter.

2. Dans la même casserole nettoyée, porter 2,5 litres (10 tasses) d'eau à ébullition. Remettre le poulet entier dans la casserole, puis ajouter les oignons, le gingembre, la partie blanche des oignons verts et les shiitakes. Porter de nouveau à ébullition, puis couvrir en laissant une petite ouverture. Laisser mijoter 30 minutes à feu moyen, en retirant du bouillon les impuretés et le gras en cours de cuisson.

3. Retirer le poulet entier de la casserole, puis le déposer dans un bol d'eau glacée. Égoutter. Désosser le poulet et effilocher la chair. Réserver la chair.

4. Remettre les os dans le bouillon, puis ajouter le sel, le sucre et le bouillon de poulet déshydraté. Poursuivre la cuisson 45 minutes à feu moyen.

5. Pendant ce temps, déposer les champignons noirs dans un bol. Couvrir d'eau tiède et laisser réhydrater 30 minutes. Égoutter, puis couper en juliennes. Réserver.

6. Déposer les nouilles dans un autre bol. Couvrir d'eau tiède et laisser tremper 30 minutes. Égoutter.

7. Dans une casserole d'eau bouillante, cuire les nouilles 5 minutes. Égoutter, puis rincer les nouilles à l'eau froide afin de leur donner une belle texture. Réserver.

8. Dans une petite poêle, chauffer l'huile à feu moyen. Cuire l'échalote et l'ail 30 secondes.

9. Ajouter les champignons noirs réhydratés dans la poêle et poursuivre la cuisson 1 minute.

10. Ajouter la sauce poisson et cuire 1 minute 30 secondes. Retirer du feu et réserver.

11. Au-dessus d'un grand bol, filtrer le bouillon à l'aide d'un tamis. Jeter les os, les oignons, le gingembre et les shiitakes.

12. Répartir les nouilles, la préparation aux champignons noirs et le poulet effiloché dans des bols. Ajouter le bouillon, puis garnir de coriandre, d'huile infusée aux piments chili et de la partie verte des oignons verts.

Soupe aigre-épicée aux dumplings

PRÉPARATION 5 minutes • **CUISSON** 4 minutes • **QUANTITÉ** 4 portions • ❱❱

1,5 litre (6 tasses) de bouillon de poulet

5 ml (1 c. à thé) de sel

16 dumplings au choix (faits maison ou surgelés)

250 g (environ ½ lb) de nouilles ramen

100 g (3 ½ oz) de mini-bok choys

2 oignons verts émincés

Feuilles de coriandre fraîche au goût

Pour la sauce :

60 ml (¼ de tasse) de sauce soya

60 ml (¼ de tasse) de vinaigre noir chinois

15 ml (1 c. à soupe) d'huile infusée aux piments chili croustillants (de type Lao Gan Ma)

2,5 ml (½ c. à thé) d'huile de sésame

1. Dans un petit bol, mélanger les ingrédients de la sauce.

2. Dans une casserole, mélanger le bouillon de poulet avec le sel et porter à ébullition. Ajouter les dumplings et les nouilles, puis cuire 3 minutes.

3. Ajouter les mini-bok choys et cuire 1 minute.

4. Répartir les dumplings, les nouilles, les mini-bok choys et le bouillon dans des bols. Ajouter 30 ml (2 c. à soupe) de sauce dans chaque bol, puis garnir d'oignons verts et de coriandre.

Coréen

Avec ces recettes de soupes coréennes, vous vous sentirez au cœur de Séoul. Nous utiliserons beaucoup le gochujang, une pâte de piments rouges, et le gochugaru, des piments coréens en poudre, alors soyez avertis : cette section est très épicée !

Soupe aux tteokbokki et bœuf

PRÉPARATION 10 minutes • **CUISSON** 13 minutes • **QUANTITÉ** 4 portions

250 g (environ ½ lb) de flanc de bœuf tranché

30 ml (2 c. à soupe) d'huile végétale

2 gousses d'ail hachées

3 oignons verts hachés (parties blanches et vertes séparées)

½ oignon blanc émincé

30 ml (2 c. à soupe) de sauce soya

5 ml (1 c. à thé) de mirin

5 ml (1 c. à thé) de sel

1 litre (4 tasses) de gâteaux de riz coréens (tteokbokki)

7,5 ml (½ c. à soupe) d'huile de sésame

1 œuf battu

1 feuille de nori coupée en fines juliennes de 3 cm (1 ¼ po) de longueur

Graines de sésame au goût

1. Couper le flanc de bœuf en languettes de 5 cm x 2 cm (2 po x ¾ de po).

2. Dans une casserole, chauffer l'huile végétale à feu élevé. Cuire l'ail, la partie blanche des oignons verts et l'oignon blanc 1 minute.

3. Ajouter le bœuf et saisir 2 minutes.

4. Ajouter la sauce soya, le mirin, 3 litres (12 tasses) d'eau et le sel. Porter à ébullition. Ajouter les gâteaux de riz et laisser mijoter 10 minutes à feu doux-moyen.

5. Pendant ce temps, chauffer l'huile de sésame à feu moyen dans une petite poêle. Cuire l'œuf de 2 à 3 minutes, jusqu'à ce qu'il soit pris. Déposer dans une assiette et laisser tiédir avant de couper en fines tranches.

6. Répartir la soupe dans des bols. Garnir de tranches d'œuf, de julienne de nori, de la partie verte des oignons verts et de graines de sésame.

Soupe au poulet épicé et vermicelles de patates douces

PRÉPARATION 10 minutes • **CUISSON** 1 heure • **QUANTITÉ** 4 portions • ❱❱

1 poulet entier de
1,35 kg (3 lb)

1 oignon jaune coupé
en deux

1 grosse carotte coupée
en deux

1 morceau de gingembre de
5 cm (2 po), coupé en deux

8 gousses d'ail écrasées

5 ml (1 c. à thé) de grains
de poivre noir

400 g (environ 1 lb) de
vermicelles de patates
douces à la coréenne

10 ml (2 c. à thé) de sel

4 oignons verts émincés

**Pour les assaisonnements
du poulet :**

45 ml (3 c. à soupe) de
sauce soya

30 ml (2 c. à soupe) de
piments forts coréens
en poudre (gochugaru)

15 ml (1 c. à soupe) de
graines de sésame

15 ml (1 c. à soupe) d'huile
de sésame

7,5 ml (½ c. à soupe) de sirop
de maïs ou de sirop d'érable

1. Dans une casserole, déposer le poulet, l'oignon, la carotte, le gingembre, l'ail, le poivre et 2,25 litres (9 tasses) d'eau froide. Porter à ébullition, puis couvrir et laisser mijoter 30 minutes à feu doux, en retirant du bouillon les impuretés créées par les os plusieurs fois en cours de cuisson.

2. Retirer le poulet de la casserole. Désosser le poulet et effilocher la chair. Réserver le poulet effiloché au chaud. Remettre les os et le cartilage dans le bouillon. Couvrir de nouveau, puis poursuivre la cuisson 30 minutes à feu doux.

3. Pendant ce temps, déposer les vermicelles dans un bol. Couvrir d'eau tiède et laisser tremper 30 minutes. Égoutter.

4. Dans un autre bol, mélanger le poulet effiloché avec les ingrédients des assaisonnements du poulet.

5. Retirer les os, le cartilage et les légumes de la casserole. Ajouter le sel et les vermicelles de patates douces dans le bouillon, puis remuer.

6. Répartir les vermicelles et le bouillon dans des bols. Servir avec les oignons verts et le poulet effiloché.

Soupe épicée au poulet et maïs

PRÉPARATION 15 minutes • **MARINAGE** 30 minutes • **CUISSON** 17 minutes
QUANTITÉ 4 portions • 〉〉〉

Pour le poulet mariné :

400 g (environ 1 lb) de poitrines de poulet sans peau coupées en deux sur la longueur

60 ml (¼ de tasse) de sauce soya

30 ml (2 c. à soupe) de mirin

30 ml (2 c. à soupe) de gingembre râpé

15 ml (1 c. à soupe) de cassonade

15 ml (1 c. à soupe) de miel

15 ml (1 c. à soupe) d'huile de sésame

5 ml (1 c. à thé) de poivre noir moulu

4 gousses d'ail hachées finement

Pour le bouillon :

1,25 litre (5 tasses) de bouillon de poulet

7,5 ml (½ c. à soupe) de pâte de piments rouges coréenne (gochujang)

30 ml (2 c. à soupe) de piments forts coréens en poudre (gochugaru)

30 ml (2 c à soupe) de mirin

37,5 ml (2 ½ c. à soupe) de sauce soya

7,5 ml (½ c. à soupe) de sucre

250 ml (1 tasse) de maïs en grains

400 g (environ 1 lb) de nouilles ramen

Pour la garniture :

Graines de sésame au goût

2 oignons verts coupés en biseau

1. Dans un bol, mélanger les ingrédients du poulet mariné. Couvrir et laisser mariner 30 minutes au frais.

2. Au moment de la cuisson, égoutter le poulet et jeter la marinade.

3. Chauffer une poêle à feu moyen-élevé. Cuire les morceaux de poulet de 4 à 5 minutes de chaque côté, jusqu'à ce que l'intérieur de la chair du poulet ait perdu sa teinte rosée et que les morceaux soient dorés. Déposer dans une assiette et couper le poulet en lanières. Réserver au chaud.

4. Dans une casserole, porter le bouillon de poulet à ébullition.

5. Dans un petit bol, mélanger la pâte de piments rouges avec les piments forts en poudre, le mirin, la sauce soya, le sucre et 15 ml (1 c. à soupe) d'eau à l'aide d'un fouet ou d'une fourchette.

6. Ajouter la préparation à la sauce soya dans la casserole, puis laisser mijoter 5 minutes à feu doux.

7. Ajouter le maïs et les nouilles, puis poursuivre la cuisson 4 minutes.

8. Répartir la soupe dans des bols. Garnir de lanières de poulet mariné, de graines de sésame et d'oignons verts.

Soupe *one pot* « *army stew* »

PRÉPARATION 20 minutes • **CUISSON** 11 minutes • **QUANTITÉ** 4 portions • 〉〉〉

200 g (environ ½ lb) de viande froide en conserve (de type SPAM) coupée en tranches

150 g (⅓ de lb) de saucisses à hot-dog coupées en biseau

200 g (environ ½ lb) de tofu mi-ferme coupé en gros cubes

200 g (environ ½ lb) de champignons enoki

200 g (environ ½ lb) de pleurotes érigés (*king oyster*) coupés en deux

100 g (3 ½ oz) de shii-takes frais ou séchés et réhydratés

½ oignon blanc émincé

125 ml (½ tasse) de kimchi coupé en cubes de 2 cm (¾ de po)

1,5 litre (6 tasses) de bouillon de poulet

50 g (1 ¾ oz) de gâteaux de riz coréens (tteokbokki)

100 g (3 ½ oz) de nouilles ramen

2 tranches de cheddar jaune (facultatif)

2 oignons verts coupés en biseau

Pour la sauce :

37,5 ml (2 ½ c. à soupe) de sauce soya

30 ml (2 c. à soupe) de piments forts coréens en poudre (gochugaru)

30 ml (2 c. à soupe) de mirin

7,5 ml (½ c. à soupe) de sucre

7,5 ml (½ c. à soupe) de pâte de piments rouges coréenne (gochujang)

2,5 ml (½ c. à thé) de sel

2 gousses d'ail émincées

1. Dans un bol, mélanger les ingrédients de la sauce avec 15 ml (1 c. à soupe) d'eau.

2. Dans une casserole peu profonde ou dans une cocotte, répartir séparément la viande froide, les saucisses à hot-dog, le tofu, les champignons, l'oignon et le kimchi, sans les mélanger.

3. Verser délicatement le bouillon de poulet et la sauce sur les ingrédients, en prenant soin de ne pas les déplacer. Porter à ébullition, puis couvrir et cuire 8 minutes à feu moyen.

4. Ajouter les gâteaux de riz et les nouilles au centre de la casserole. Si désiré, couvrir les nouilles de fromage, puis ajouter les oignons verts. Poursuivre la cuisson 3 minutes à découvert.

5. Répartir la soupe dans des bols.

Soupe au poulet, tofu et kimchi

PRÉPARATION 20 minutes • **CUISSON** 44 minutes • **QUANTITÉ** 4 portions • 🌶️🌶️

15 ml (1 c. à soupe)
d'huile végétale

6 hauts de cuisses de poulet
désossés sans peau

1 oignon tranché

4 gousses d'ail hachées

15 ml (1 c. à soupe)
de gingembre râpé

1 carotte coupée
en rondelles

1,5 litre (6 tasses) de
bouillon de poulet

500 g (environ 1 lb) de kimchi

15 ml (1 c. à soupe) de
pâte de piments rouges
coréenne (gochujang)

30 ml (2 c. à soupe)
de sauce soya

5 ml (1 c. à thé) de sel

200 g (environ ½ lb) de tofu
coupé en cubes de 2 cm
(¾ de po)

400 g (environ 1 lb) de
nouilles de blé orientales

Oignons verts coupés
en biseau au goût

1. Dans une grande casserole, chauffer l'huile à feu élevé. Cuire le poulet 3 minutes de chaque côté, jusqu'à ce qu'il soit doré et que l'intérieur de la chair ait perdu sa teinte rosée.

2. Ajouter l'oignon, l'ail et le gingembre. Poursuivre la cuisson 1 minute.

3. Ajouter la carotte, le bouillon de poulet, le kimchi, la pâte de piments, la sauce soya et le sel, puis remuer. Porter à ébullition, puis laisser mijoter 30 minutes à feu doux.

4. Retirer le poulet de la casserole et le couper en lanières. Remettre le poulet dans la casserole.

5. Ajouter le tofu et poursuivre la cuisson 3 minutes.

6. Dans une casserole d'eau bouillante, cuire les nouilles de blé 4 minutes. Égoutter. Rincer les nouilles à l'eau froide afin de leur donner une belle texture.

7. Répartir les nouilles, le poulet, les légumes, le tofu et le bouillon dans des bols. Garnir d'oignons verts.

Soupe aux fruits de mer (jjamppong)

PRÉPARATION 25 minutes • **CUISSON** 12 minutes • **QUANTITÉ** 4 portions • ❯❯❯

45 ml (3 c. à soupe) d'huile végétale

5 gousses d'ail émincées

10 ml (2 c. à thé) de gingembre râpé

6 oignons verts émincés

100 g (3 ½ oz) de porc haché

150 g (⅓ de lb) de chou vert émincé

150 g (⅓ de lb) d'oignons émincés

30 g (1 oz) de carotte coupée en juliennes

45 ml (3 c. à soupe) de piments forts coréens en poudre (gochugaru)

30 ml (2 c. à soupe) de paprika

30 ml (2 c. à soupe) de sauce soya

10 ml (2 c. à thé) de sauce aux huîtres

1,5 litre (6 tasses) de bouillon de poulet

60 ml (¼ de tasse) de vin de cuisson chinois (shaoxing)

2,5 ml (½ c. à thé) de sel

225 g (½ lb) de grosses crevettes (calibre 21/25), crues et décortiquées

225 g (½ lb) de calmars coupés en ananas

225 g (½ lb) de moules

400 g (environ 1 lb) de nouilles de blé orientales

1. Dans une casserole, chauffer l'huile à feu élevé. Cuire l'ail, le gingembre et les deux tiers des oignons verts 3 minutes.

2. Ajouter le porc haché, le chou, les oignons et la carotte. Poursuivre la cuisson 1 minute en remuant.

3. Ajouter les piments forts en poudre, le paprika, la sauce soya et la sauce aux huîtres. Poursuivre la cuisson 1 minute.

4. Ajouter le bouillon de poulet, le vin de cuisson et le sel, puis porter à ébullition. Ajouter les fruits de mer et laisser mijoter 3 minutes, jusqu'à ce que la viande ait perdu sa teinte rosée.

5. Dans une casserole d'eau bouillante, cuire les nouilles de blé 4 minutes. Égoutter. Rincer les nouilles à l'eau froide afin de leur donner une belle texture.

6. Répartir les nouilles et la soupe dans des bols. Garnir du reste des oignons verts.

Ramen au kimchi

PRÉPARATION 5 minutes • **TREMPAGE** 30 minutes • **CUISSON** 7 minutes
QUANTITÉ 4 portions • ❱❱

10 shiitakes séchés

30 ml (2 c. à soupe)
d'huile végétale

250 ml (1 tasse) de kimchi

1,5 litre (6 tasses) de
bouillon de poulet

30 ml (2 c. à soupe) de
piments forts coréens en
poudre (gochugaru)

10 ml (2 c. à thé) de sel

2,5 ml (½ c. à thé) de sucre

15 ml (1 c. à soupe) d'huile
de sésame

4 paquets de nouilles ramen
de 85 g chacun

2 oignons verts
ciselés finement

1. Déposer les champignons séchés dans un bol. Couvrir d'eau tiède et laisser réhydrater 30 minutes. Égoutter, puis couper en fines tranches.

2. Dans une casserole, chauffer l'huile végétale à feu moyen. Cuire les champignons 2 minutes.

3. Ajouter le kimchi et poursuivre la cuisson 2 minutes.

4. Ajouter le bouillon, les piments forts en poudre, le sel, le sucre et l'huile de sésame, puis remuer. Porter à ébullition. Ajouter les nouilles ramen, puis cuire 3 minutes.

5. Répartir la soupe dans des bols. Garnir d'oignons verts.

Coréen

Soupe aux nouilles soba et bulgogi

PRÉPARATION 20 minutes • **MARINAGE** 1 heure • **CUISSON** 11 minutes
QUANTITÉ 4 portions • ❱

45 ml (3 c. à soupe) d'huile de canola

3 oignons verts coupés en tronçons de 5 cm (2 po)

2 morceaux de gingembre de 4 cm (environ 1 ⅔ po) chacun, coupés grossièrement

1,5 litre (6 tasses) de bouillon de poulet

5 ml (1 c. à thé) de sel

150 g (⅓ de lb) de carottes coupées en juliennes

1 contenant de champignons blancs de 227 g, tranchés

400 g (environ 1 lb) de nouilles soba

200 g (environ ½ lb) de bébés épinards

2 œufs cuits dur coupés en deux

Piments forts coréens en poudre (gochugaru) au goût

Graines de sésame au goût

Pour le bœuf mariné :

400 g (environ 1 lb) de faux-filet de bœuf tranché finement

4 gousses d'ail hachées

90 ml (6 c. à soupe) de sauce soya

30 ml (2 c. à soupe) de vinaigre de riz

22,5 ml (1 ½ c. à soupe) de sucre

15 ml (1 c. à soupe) de miel

7,5 ml (½ c. à soupe) d'huile de sésame

2,5 ml (½ c. à thé) de poivre noir moulu

1. Dans un grand bol, mélanger les ingrédients du bœuf mariné. Couvrir et laisser mariner au minimum 1 heure au frais.

2. Au moment de la cuisson, chauffer 15 ml (1 c. à soupe) d'huile de canola à feu élevé dans une casserole. Cuire les oignons verts et le gingembre 1 minute.

3. Verser le bouillon dans la casserole et porter à ébullition. Ajouter le sel, puis laisser mijoter 10 minutes à feu doux.

4. Pendant ce temps, égoutter le bœuf et jeter la marinade.

5. Dans une poêle, chauffer le reste de l'huile de canola à feu élevé. Cuire les tranches de bœuf 3 minutes. Réserver dans une assiette.

6. Dans la même poêle, cuire les carottes 1 minute en remuant. Réserver dans une assiette.

7. Cuire les champignons 1 minute dans la même poêle en remuant. Retirer du feu.

8. Dans une casserole d'eau bouillante, cuire les nouilles soba de 4 à 5 minutes. Égoutter. Rincer les nouilles à l'eau froide afin de leur donner une belle texture.

9. Dans une autre casserole d'eau bouillante, blanchir les épinards 30 secondes.

10. Répartir les nouilles dans des bols. Verser le bouillon sur les nouilles, puis répartir le bœuf, les carottes, les champignons et les épinards dans les bols. Garnir d'un demi-œuf, de piments forts en poudre et de graines de sésame.

Vietnamien

Plusieurs connaissent la fameuse soupe tonkinoise, mais ici, vous en apprendrez bien plus sur cette cuisine ! Découvrez des recettes de soupes authentiques maison, chacune très riche en saveurs et sortant de l'ordinaire.

Soupe tonkinoise au bœuf

PRÉPARATION 35 minutes • **CUISSON** 6 heures 13 minutes • **TREMPAGE** 30 minutes
QUANTITÉ 8 portions

Pour le bouillon :

1,5 kg (3 ⅓ lb) d'os de bœuf (environ 6 morceaux)

600 g (environ 1 ⅓ lb) de jarret de bœuf

4 petits oignons jaunes coupés en deux

5 morceaux de gingembre d'environ 5 cm (2 po) chacun, coupés en deux

6 anis étoilés

5 gousses de cardamome

2 bâtons de cannelle

1 petit bâton de racine de réglisse

6 clous de girofle

15 ml (1 c. à soupe) de grains de fenouil

15 ml (1 c. à soupe) de grains de coriandre

2 cubes d'épices à soupe pho

60 ml (¼ de tasse) de sucre blanc ou de sucre de palme

37,5 ml (2 ½ c. à soupe) de sel*

Pour la garniture :

800 g (environ 1 ¾ lb) de vermicelles de riz

500 g (environ 1 lb) de bavette de bœuf tranchée ou de tranches de bœuf à fondue

16 boulettes de bœuf vietnamiennes (bò vò viên)

1 petit oignon jaune coupé en fines rondelles

4 oignons verts coupés en biseau

Feuilles de coriandre fraîche au goût

500 ml (2 tasses) de fèves germées

30 feuilles de basilic thaï frais

Sauce hoisin au goût

Sriracha au goût

2 limes coupées en quartiers

1. Dans une grande casserole, déposer les os et le jarret de bœuf. Couvrir d'eau froide. Porter à ébullition, puis laisser mijoter 10 minutes à feu moyen. Égoutter. Rincer à l'eau froide et égoutter de nouveau.

2. Pendant ce temps, chauffer une poêle à feu élevé. Faire griller les oignons pour le bouillon et le gingembre 3 minutes de chaque côté. Retirer les parties noires des oignons et du gingembre.

3. Nettoyer la casserole, puis y verser 5 litres (20 tasses) d'eau. Remettre les os et le jarret dans la casserole. Ajouter les oignons et le gingembre grillés. Porter à ébullition, puis couvrir en laissant une petite ouverture. Laisser mijoter 2 heures à feu moyen, en retirant du bouillon les impuretés créées par les os plusieurs fois en cours de cuisson.

4. Pendant ce temps, nettoyer la poêle, puis la chauffer à feu doux. Faire griller les anis étoilés, la cardamome, la cannelle et la racine de réglisse 1 minute. Déposer la préparation dans un sachet à épices.

5. Dans la même poêle, faire griller les clous de girofle, les grains de fenouil et les grains de coriandre 10 secondes. Déposer la préparation dans le sachet à épices et fermer le sachet.

6. Après la cuisson du bouillon, ajouter le sachet d'épices dans la casserole. Couvrir de nouveau en laissant une petite ouverture et poursuivre la cuisson 2 heures.

7. Ajouter les cubes d'épices à soupe pho, le sucre et le sel. Remuer. Couvrir de nouveau en laissant une petite ouverture et poursuivre la cuisson 2 heures*.

8. Environ 30 minutes avant la fin de la cuisson du bouillon, déposer les nouilles dans un bol. Couvrir d'eau tiède et laisser tremper 30 minutes. Égoutter.

9. Retirer les os et le jarret du bouillon. Jeter les os ou les conserver au frais dans un contenant hermétique pour une utilisation ultérieure (la moelle peut être consommée). Couper le jarret en tranches.

10. Au-dessus d'un grand bol, filtrer le bouillon à l'aide d'un tamis. Remettre le bouillon filtré dans la casserole.

11. Ajouter les boulettes de bœuf vietnamiennes dans la casserole. Porter à ébullition, puis cuire 2 minutes. Ajouter les tranches de jarret. Retirer du feu.

12. Dans une autre casserole d'eau bouillante, cuire les vermicelles de 15 à 20 secondes. Égoutter.

13. Répartir les vermicelles et les tranches de bavette crue dans des bols. Verser le bouillon très chaud sur la viande afin de la cuire. Répartir les tranches de jarret, les boulettes et l'oignon dans les bols. Garnir d'oignons verts, de coriandre, de fèves germées et de basilic thaï. Servir avec la sauce hoisin, la sriracha et les quartiers de limes.

*La quantité de sel et de sucre est à surveiller de près. Puisque le bouillon mijotera pendant de nombreuses heures, une certaine quantité d'eau risque de s'évaporer. On pourra remettre de l'eau dans la casserole, mais il est important de noter qu'il faudra aussi ajuster la quantité de sel et de sucre en fonction de la quantité d'eau évaporée.

Ragoût de bœuf et carottes

PRÉPARATION 30 minutes • **MARINAGE** 30 minutes • **CUISSON** 1 heure 43 minutes
QUANTITÉ 8 portions • ❭

Pour la viande marinée :

1,1 kg (environ 2 ¼ lb) de jarret de bœuf désossé ou de faux-filet de bœuf

2 gousses d'ail hachées

1 morceau de gingembre de 5 cm (2 po), haché

45 ml (3 c. à soupe) de sauce poisson

15 ml (1 c. à soupe) de mélange chinois cinq épices

7,5 ml (½ c. à soupe) de sucre

Pour le ragoût :

45 ml (3 c. à soupe) d'huile végétale

3 tiges de citronnelle (1 coupée en tronçons de 5 cm – 2 po de longueur, les 2 autres hachées finement)

1 tête d'ail hachée

1 oignon jaune haché

60 ml (¼ de tasse) de pâte de tomates

500 ml (2 tasses) d'eau de noix de coco pure

2 anis étoilés

5 ml (1 c. à thé) de poudre de chili

5 ml (1 c. à thé) de graines d'annatto moulues (facultatif, pour la couleur)

5 ml (1 c. à thé) de poivre noir moulu

8 carottes coupées en cubes

5 ml (1 c. à thé) de sel

45 ml (3 c. à soupe) de sauce soya

Pour la garniture :

½ oignon jaune tranché finement

2 oignons verts hachés

60 ml (¼ de tasse) de coriandre fraîche hachée

Basilic thaï frais au goût

30 ml (2 c. à soupe) d'ail frit en flocons

2 limes coupées en quartiers

1 baguette de pain chaude coupée en morceaux

1. Couper le bœuf en cubes de 2,5 cm (1 po).

2. Dans un bol, déposer le reste des ingrédients de la viande marinée. Ajouter les cubes de bœuf dans le bol et remuer afin de bien les enrober de marinade. Couvrir et laisser mariner 30 minutes au frais.

3. Au moment de la cuisson, déposer l'huile, les tronçons de citronnelle et la citronnelle hachée ainsi que l'ail dans une grande casserole. Cuire 2 minutes à feu élevé.

4. Ajouter l'oignon et poursuivre la cuisson 1 minute.

5. Égoutter le bœuf et jeter la marinade. Ajouter le bœuf dans la casserole et cuire 5 minutes à feu moyen.

6. Ajouter la pâte de tomates, puis remuer. Cuire 5 minutes.

7. Ajouter 2 litres (8 tasses) d'eau, l'eau de coco, les anis étoilés, la poudre de chili, les graines d'annatto et le poivre. Porter à ébullition. Couvrir en laissant une petite ouverture, puis laisser mijoter 1 heure à feu doux-moyen.

8. Ajouter les carottes, le sel et la sauce soya dans la casserole. Poursuivre la cuisson 30 minutes à feu doux.

9. Répartir le ragoût dans les bols. Garnir d'oignon jaune, d'oignons verts, de coriandre, de basilic thaï et d'ail frit. Servir avec les quartiers de limes et les morceaux de baguette de pain.

Soupe tonkinoise au poulet (pho gà)

PRÉPARATION 25 minutes • **CUISSON** 43 minutes • **TREMPAGE** 45 minutes
QUANTITÉ 6 portions

70 g (environ 2 ½ oz) de gingembre coupé en fines tranches

2 oignons jaunes coupés en deux

30 ml (2 c. à soupe) de grains de coriandre

15 ml (1 c. à soupe) de grains de fenouil

3 anis étoilés

1 bâton de cannelle

2 gousses de cardamome

2 clous de girofle

1 poulet entier de 1,7 kg (3 ¾ lb)

600 g (environ 1 ⅓ lb) de nouilles de riz

30 ml (2 c. à soupe) de sauce poisson

10 ml (2 c. à thé) de sel (ajuster selon l'évaporation du bouillon)

30 ml (2 c. à soupe) de sucre

1 cube d'épices pour soupe pho gà

Pour la garniture :

Fèves germées au goût

Basilic thaï frais au goût

2 tiges de coriandre émincées

2 oignons verts émincés

½ oignon jaune coupé en fines rondelles

Sauce hoisin au goût

Sriracha au goût

2 limes coupées en quartiers

1. Chauffer une poêle à feu doux-moyen. Faire griller le gingembre, les oignons, les grains de coriandre, les grains de fenouil, les anis étoilés et la cannelle 3 minutes, en remuant constamment afin d'éviter de les faire brûler. Retirer du feu.

2. Déposer les grains de coriandre, les grains de fenouil, la cardamome, les anis étoilés, la cannelle et les clous de girofle dans un sachet à épices, puis fermer le sachet.

3. Dans une grande casserole, déposer 3,5 litres (14 tasses) d'eau et le poulet. Porter à ébullition.

4. Ajouter le gingembre et les oignons grillés ainsi que le sachet d'épices. Couvrir et poursuivre la cuisson 30 minutes à feu moyen, en retirant du bouillon l'excès de gras plusieurs fois en cours de cuisson.

5. Pendant ce temps, déposer les nouilles dans un bol. Couvrir d'eau tiède et laisser tremper 45 minutes. Égoutter.

6. Retirer le poulet de la casserole et le déposer dans une assiette. Laisser tiédir avant de l'effilocher ou de le couper en morceaux. Réserver au chaud.

7. Ajouter la sauce poisson, le sel, le sucre et le cube d'épices pour soupe pho gà dans la casserole. Poursuivre la cuisson 10 minutes.

8. Au-dessus d'un grand bol, filtrer le bouillon à l'aide d'un tamis. Remettre le bouillon filtré dans la casserole.

9. Dans une autre casserole d'eau bouillante, cuire les nouilles 30 secondes. Égoutter.

10. Répartir les nouilles, le poulet et le bouillon dans des bols. Garnir de fèves germées, de basilic, de coriandre, d'oignons verts et de rondelles d'oignon. Servir avec la sauce hoisin, la sriracha et les quartiers de limes.

Soupe aux boulettes bún riêu

PRÉPARATION 30 minutes • **CUISSON** 56 minutes • **QUANTITÉ** 4 portions

30 ml (2 c. à soupe) d'huile végétale

60 ml (¼ de tasse) d'échalotes sèches (françaises) hachées finement

2 gousses d'ail hachées

900 g (2 lb) de tomates coupées en quartiers

1,25 litre (5 tasses) de bouillon de poulet

5 ml (1 c. à thé) de pâte de crevettes

45 ml (3 c. à soupe) de sauce poisson

10 ml (2 c. à thé) de sel

30 ml (2 c. à soupe) de sucre

60 ml (¼ de tasse) de pâte de tomates

400 g (environ 1 lb) de vermicelles de riz

Pour les boulettes :

2 petites échalotes sèches (françaises) émincées

2 oignons verts émincés

50 g (1 ¾ oz) de crevettes crues, décortiquées et hachées

160 g (environ ⅓ de lb) de crevettes pour soupe bún riêu, émincées

300 g (⅔ de lb) de porc haché mi-maigre

2 œufs

5 ml (1 c. à thé) de poivre noir moulu

5 ml (1 c. à thé) de sucre en cristaux

15 ml (1 c. à soupe) de sauce poisson

60 g (environ 1 ¾ oz) de chair de crabe surgelée, décongelée et hachée

Pour la garniture :

Fèves germées au goût

2 paquets de tofu soufflé frit de 150 g chacun

Feuilles de menthe fraîche au goût

2 limes coupées en quartiers

1. Dans une grande casserole, chauffer l'huile à feu moyen-élevé. Saisir les échalotes et l'ail 30 secondes.

2. Ajouter les tomates. Réduire le feu à moyen et poursuivre la cuisson 5 minutes, en retournant les quartiers de tomates quelques fois en cours de cuisson.

3. Ajouter le bouillon et 1,25 litre (5 tasses) d'eau. Porter à ébullition.

4. Ajouter la pâte de crevettes, la sauce poisson, le sel, le sucre et la pâte de tomates. Couvrir et laisser mijoter 30 minutes à feu doux.

5. Dans le contenant du robot culinaire, déposer les échalotes, les oignons verts, les crevettes, le porc haché, les œufs, le poivre, le sucre et la sauce poisson. Mélanger jusqu'à l'obtention d'une préparation homogène.

6. Transvider la préparation dans un grand bol et ajouter la chair de crabe. Incorporer le crabe à la préparation à l'aide des mains.

7. Façonner de 20 à 24 boulettes de la taille de votre choix (idéalement de la grosseur d'une balle de golf) avec la préparation.

8. Porter de nouveau le bouillon à ébullition, puis ajouter les boulettes dans la casserole. Réduire le feu à doux et poursuivre la cuisson 20 minutes, en retirant du bouillon l'excès de gras plusieurs fois en cours de cuisson.

9. Dans une autre casserole, cuire les vermicelles de 15 à 20 secondes. Égoutter.

10. Répartir les vermicelles, les boulettes et la soupe dans les bols. Garnir de fèves germées, de tofu soufflé et de menthe. Servir avec les quartiers de limes.

Soupe bún bò hué

PRÉPARATION 10 minutes • **CUISSON** 1 heure • **QUANTITÉ** 8 portions •

3 tiges de citronnelle

500 g (environ 1 lb) de pieds de porc

250 g (environ ½ lb) de jarret de bœuf

1 morceau de gingembre de 5 cm (2 po) coupé en fines tranches

1 oignon jaune coupé en deux

90 ml (6 c. à soupe) d'épices pour soupe bún bò hué (de type Quoc Viet)

15 ml (1 c. à soupe) d'huile végétale

75 ml (5 c. à soupe) de citronnelle hachée

8 gousses d'ail hachées

3 échalotes sèches (françaises) hachées

15 ml (1 c. à soupe) d'huile infusée aux piments chili croustillants (de type Lao Gan Ma)

5 ml (1 c. à thé) de pâte de crevettes

75 ml (5 c. à soupe) de sauce poisson

800 g (environ 1 ¾ lb) de nouilles de riz

100 g (3 ½ oz) de saucisses vietnamiennes (cha) coupées en fines tranches

Pour la garniture :

Fèves germées au goût

Basilic thaï frais au goût

4 oignons verts émincés

Feuilles de coriandre fraîche au goût

½ oignon jaune tranché finement

4 limes coupées en quartiers

1. À l'aide d'un mortier et d'un pilon, écraser les tiges de citronnelle afin d'en faire ressortir les arômes. Réserver.

2. Dans une grande casserole d'eau bouillante, blanchir les pieds de porc et le jarret de bœuf 10 minutes. Égoutter.

3. Pendant ce temps, chauffer une poêle à feu moyen-élevé. Cuire le gingembre et l'oignon jaune 3 minutes de chaque côté. Réserver.

4. Rincer les pieds de porc et le jarret de bœuf à l'eau froide afin de retirer les impuretés. Égoutter de nouveau et réserver.

5. Dans la même casserole, porter 3,5 litres (14 tasses) d'eau à ébullition. Ajouter les tiges de citronnelle, l'oignon et le gingembre grillés ainsi que 75 ml (5 c. à soupe) d'épices pour soupe bún bò hué. Réduire le feu à doux et poursuivre la cuisson 15 minutes.

6. Pendant ce temps, nettoyer la poêle, puis y chauffer l'huile végétale à feu moyen. Saisir la citronnelle hachée, l'ail et les échalotes 3 minutes. Ajouter le reste des épices pour soupe bún bò hué et

l'huile infusée aux piments chili. Remuer.

7. Ajouter la pâte de crevettes et poursuivre la cuisson 1 minute.

8. Ajouter le jarret de bœuf et les pieds de porc dans la poêle. Cuire 5 minutes en remuant.

9. Transvider la préparation au jarret de bœuf et aux pieds de porc dans la casserole. Couvrir et poursuivre la cuisson 30 minutes à feu moyen.

10. Retirer le jarret de bœuf de la casserole, puis le trancher.

11. Ajouter la sauce poisson dans le bouillon. Poursuivre la cuisson 5 minutes.

12. Dans une casserole d'eau bouillante, cuire les nouilles 30 secondes Égoutter.

13. Répartir les nouilles et le bouillon dans des bols. Garnir de morceaux de jarret de bœuf, de saucisses vietnamiennes, de fèves germées, de basilic thaï, d'oignons verts, de coriandre et d'oignon jaune. Servir avec les quartiers de limes. Si désiré, ajouter de l'huile infusée aux piments chili pour obtenir une soupe plus épicée.

Vietnamien

Soupe tonkinoise pho express

PRÉPARATION 20 minutes • **CUISSON** 48 minutes • **TREMPAGE** 45 minutes
QUANTITÉ 4 portions

2,5 litres (10 tasses) de bouillon de bœuf

50 g (1 ¾ oz) de gingembre coupé en fines tranches

7,5 ml (½ c. à soupe) de grains de fenouil

7,5 ml (½ c. à soupe) de grains de coriandre

2 oignons jaunes coupés en deux

3 clous de girofle

1 bâton de cannelle

3 anis étoilés

2 gousses de cardamome

400 g (environ 1 lb) de nouilles de riz

5 ml (1 c. à thé) de sel (au goût, selon le bouillon de bœuf choisi)

22,5 ml (1 ½ c. à soupe) de sucre

30 ml (2 c. à soupe) de sauce poisson

1 cube d'épices a soupe pho ou 15 ml (1 c. à soupe) d'épices pour soupe pho

400 g (environ 1 lb) de tranches de bœuf à fondue

Pour la garniture :

Fèves germées au goût

20 feuilles de basilic thaï frais

½ oignon jaune coupé en fines rondelles

2 oignons verts taillés en fins rubans

Feuilles de coriandre fraîche au goût

Sauce hoisin au goût

Sriracha au goût

2 limes coupées en tranches

1. Dans une grande casserole, porter le bouillon de bœuf à ébullition.

2. Pendant ce temps, chauffer une poêle à feu élevé. Faire griller les morceaux de gingembre, les grains de fenouil, les grains de coriandre et les oignons 3 minutes. Retirer du feu.

3. Ajouter les morceaux de gingembre et les oignons dans la casserole. Poursuivre la cuisson 5 minutes à feu moyen.

4. Déposer les clous de girofle, le bâton de cannelle, les anis étoilés, les grains de coriandre, les grains fenouil et la cardamome dans un sachet à épices, puis fermer le sachet. Ajouter le sachet à épices dans la casserole. Cuire 30 minutes à feu doux-moyen.

5. Pendant ce temps, déposer les nouilles dans un bol. Couvrir d'eau tiède et laisser tremper 45 minutes. Égoutter.

6. Retirer le sachet d'épices de la casserole. Ajouter le sel, le sucre, la sauce poisson et le cube d'épices à soupe pho. Poursuivre la cuisson de 10 minutes.

7. Au-dessus d'un grand bol, filtrer le bouillon à l'aide d'un tamis. Remettre le bouillon filtré dans la casserole.

8. Dans une autre casserole d'eau bouillante, cuire les nouilles 30 secondes. Égoutter.

9. Répartir les nouilles et les tranches de bœuf à fondue dans des bols. Verser le bouillon très chaud la viande afin de la cuire. Garnir de fèves germées, de basilic, d'oignon, d'oignons verts et de coriandre. Servir avec la sauce hoisin, la sriracha et les tranches de limes.

Soupe tonkinoise pho végane

PRÉPARATION 15 minutes • **CUISSON** 49 minutes • **TREMPAGE** 45 minutes
QUANTITÉ 4 portions • 〉〉〉

2,5 litres (10 tasses) de bouillon de légumes

50 g (1 ¾ oz) de gingembre coupé en fines tranches

2 oignons jaunes coupés en deux

7,5 ml (½ c. à soupe) de grains de coriandre

7,5 ml (½ c. à soupe) de grains de fenouil

2 gousses de cardamome

2 clous de girofle

2 anis étoilés

1 bâton de cannelle

400 g (environ 1 lb) de nouilles de riz

30 ml (2 c. à soupe) de sel

15 ml (1 c. à soupe) de sucre

4 bok choys coupés en deux

500 ml (2 tasses) de champignons bruns entiers

Pour la garniture :

250 ml (1 tasse) de fèves germées

20 feuilles de basilic thaï frais

½ oignon jaune tranché finement

2 oignons verts émincés

60 ml (¼ de tasse) de coriandre fraîche émincée

Sauce hoisin au goût

Sriracha au goût

2 limes coupées en quartiers

1. Dans une grande casserole, porter le bouillon de légumes à ébullition.

2. Pendant ce temps, chauffer une poêle à feu moyen-élevé. Faire griller le gingembre, les oignons, les grains de coriandre, les grains de fenouil, la cardamome, les clous de girofle, les anis étoilés et la cannelle 3 minutes. Retirer du feu.

3. Ajouter le gingembre et les oignons dans la casserole. Poursuivre la cuisson 5 minutes à feu moyen.

4. Déposer les clous de girofle, les bâtons de cannelle, les anis étoilés, les grains de coriandre et les grains fenouil dans un sachet à épices, puis fermer le sachet. Ajouter le sachet à épices dans la casserole. Cuire 30 minutes à feu doux-moyen.

5. Pendant ce temps, déposer les nouilles dans un bol. Couvrir d'eau tiède et laisser tremper 45 minutes. Égoutter.

6. Retirer le sachet d'épices de la casserole. Ajouter le sel et le sucre. Prolonger la cuisson de 10 minutes.

7. Dans une casserole d'eau bouillante, cuire les nouilles 30 secondes. Égoutter.

8. Dans la même casserole, cuire les bok choys et les champignons 1 minute.

9. Répartir les nouilles, le bouillon et les légumes grillés dans des bols. Garnir de fèves germées, de basilic, d'oignon jaune, d'oignons verts et de coriandre. Servir avec la sauce hoisin, la sriracha et les quartiers de limes.

Indonésien et singapourien

Mieux connue dans le monde pour ses soupes laksa, la cuisine provenant de ces deux pays est encore peu connue au Québec. Elle ressemble à la cuisine asiatique du Sud-Est, mais avec quelques subtilités et distinctions particulières. Ça vaut vraiment la peine de l'explorer !

Soupe laksa au bœuf

PRÉPARATION 10 minutes • **TREMPAGE** 45 minutes • **CUISSON** 8 minutes
QUANTITÉ 4 portions • 〉

400 g (environ 1 lb)
de nouilles de riz

7,5 ml (½ c. à soupe) de sel

400 g (environ 1 lb) de
bavette de bœuf

30 ml (2 c. à soupe)
d'huile végétale

15 ml (1 c. à soupe)
d'ail émincé

15 ml (1 c. à soupe) de
gingembre émincé

60 ml (¼ de tasse)
de pâte laksa (voir la
recette à la page 19)

2 litres (8 tasses) de
bouillon de bœuf

1 boîte de lait de coco
de 398 ml

45 ml (3 c. à soupe)
de sauce poisson

15 ml (1 c. à soupe) de sucre

Pour la garniture :

80 ml (⅓ de tasse)
de fèves germées

60 ml (¼ de tasse) de
feuilles de menthe fraîche

Sambal oelek au goût

2 limes coupées
en quartiers

1. Déposer les nouilles de riz dans un bol. Couvrir d'eau tiède et laisser tremper 45 minutes.

2. Au moment de la cuisson, frotter 2,5 ml (½ c. à thé) de sel sur la bavette de bœuf. Réserver.

3. Dans une grande casserole, chauffer l'huile à feu élevé. Cuire l'ail et le gingembre 10 secondes.

4. Ajouter la bavette dans la casserole, puis la faire griller 30 secondes chaque côté. Retirer le bœuf de la casserole, le déposer dans une assiette et le couper en tranches. Réserver au chaud.

5. Réduire le feu à moyen. Ajouter la pâte laksa dans la casserole et cuire 2 minutes en remuant afin que l'ail et le gingembre ne brûlent pas.

6. Verser le bouillon de bœuf, puis porter à ébullition.

7. Verser le lait de coco. Porter de nouveau à ébullition.

8. Ajouter la sauce poisson, le reste du sel et le sucre. Poursuivre la cuisson 5 minutes.

9. Pendant ce temps, cuire les nouilles 30 secondes dans une casserole d'eau bouillante.

10. Répartir les nouilles et le bouillon dans des bols. Garnir de tranches de bœuf, de fèves germées, de menthe et de sambal oelek. Servir avec les quartiers de limes.

Soupe indonésienne soto ayam

PRÉPARATION 15 minutes • **CUISSON** 37 minutes • **QUANTITÉ** 4 portions

15 ml (1 c. à soupe) d'huile végétale

250 ml (1 tasse) de lait de coco

5 ml (1 c. à thé) de sel

½ lime (jus)

400 g (environ 1 lb) de vermicelles de riz

Pour la pâte soto ayam :

70 g (2 ½ oz) d'échalote sèche (française) coupée en deux

35 g (environ 1 oz) de gingembre

30 ml (2 c. à soupe) de citronnelle hachée

15 ml (1 c. à soupe) de coriandre moulue

5 ml (1 c. à thé) de curcuma

5 ml (1 c. à thé) de cumin

3 gousses d'ail

Pour le bouillon de poulet :

30 ml (2 c. à soupe) d'huile végétale

200 g (environ ½ lb) de hauts de cuisses de poulet désossés sans peau (4 hauts de cuisses)

6 feuilles de lime kaffir

2 échalotes sèches (françaises) coupés en quatre

1 tige de citronnelle (partie blanche seulement) écrasée

35 g (environ 1 oz) de gingembre coupé en trois

Pour la garniture :

2 tomates coupées en douze quartiers

Fèves germées au goût

2 œufs cuits dur coupés en deux

Coriandre fraîche hachée au goût

Sambal oelek au goût

½ lime coupée en quartiers

1. Dans le contenant du mélangeur électrique, déposer les ingrédients de la pâte soto ayam. Mélanger jusqu'à l'obtention d'une purée lisse. Au besoin, ajouter un peu d'eau si la pâte est difficile à mélanger. Réserver.

2. Dans une casserole, chauffer l'huile pour le bouillon de poulet à feu moyen. Faire dorer les hauts de cuisses de poulet de 2 à 3 minutes.

3. Ajouter 2 litres (8 tasses) d'eau, puis porter à ébullition. Ajouter le reste des ingrédients du bouillon. Réduire le feu à doux-moyen et laisser mijoter 30 minutes, en retirant du bouillon les impuretés et le gras plusieurs fois en cours de cuisson.

4. Retirer le poulet de la casserole et le déposer dans une assiette. Couper en petits morceaux. Filtrer le bouillon au-dessus d'un grand bol à l'aide d'une passoire fine. Jeter le reste des ingrédients. Réserver le bouillon et les morceaux de poulet au chaud.

5. Dans une autre casserole, chauffer l'huile à feu moyen. Cuire 90 ml (6 c. à soupe) de pâte soto ayam réservée 1 minute en remuant. Conserver le reste de la pâte au congélateur dans un contenant hermétique pour une utilisation ultérieure.

6. Ajouter le lait de coco dans la casserole. Poursuivre la cuisson 1 minute en remuant.

7. Verser le bouillon de poulet réservé et prolonger la cuisson de 3 minutes. Ajouter le sel et le jus de lime. Remuer et retirer du feu.

8. Dans une casserole d'eau bouillante, cuire les vermicelles de 15 à 20 secondes. Égoutter.

9. Répartir les vermicelles et le bouillon dans des bols. Garnir de poulet, de tomates, de fèves germées, d'œufs cuits dur, de coriandre, de sambal oelek et de quartiers de lime.

Soupe laksa aux fruits de mer

PRÉPARATION 20 minutes • **TREMPAGE** 45 minutes • **CUISSON** 13 minutes
QUANTITÉ 4 portions • 〉

400 g (environ 1 lb) de nouilles de riz

30 ml (2 c. à soupe) d'huile végétale

60 ml (¼ de tasse) de pâte laksa (voir la recette à la page 19)

1 litre (4 tasses) de bouillon de poulet

1 boîte de lait de coco de 398 ml

12 boulettes de poisson surgelées, cuites

12 moules

12 grosses crevettes (calibre 21/25), crues et décortiquées

45 ml (3 c. à soupe) de sauce poisson

15 ml (1 c. à soupe) de sucre

5 ml (1 c. à thé) de sel

Pour la garniture :

Sambal oelek au goût

2 tiges de coriandre fraîche effeuillées

Fèves germées au goût

2 limes coupées en quartiers

1. Déposer les nouilles de riz dans un bol. Couvrir d'eau tiède et laisser tremper au moins 45 minutes. Égoutter.

2. Dans une casserole, chauffer l'huile à feu moyen. Cuire la pâte laksa 2 minutes en remuant, jusqu'à ce que les arômes se libèrent.

3. Verser le bouillon de poulet et le lait de coco dans la casserole. Porter à ébullition. Ajouter les boulettes de poisson, les moules et les crevettes. Laisser mijoter 10 minutes à feu moyen.

4. Ajouter la sauce poisson, le sucre et le sel. Laisser mijoter pendant la cuisson des nouilles.

5. Dans une casserole d'eau bouillante, cuire les nouilles 30 secondes. Égoutter.

6. Répartir les nouilles et le bouillon dans des bols. Garnir de sambal oelek, de coriandre et de fèves germées. Servir avec les quartiers de limes.

Soupe au poulet et arachides

PRÉPARATION 5 minutes • **TREMPAGE** 30 minutes • **CUISSON** 7 minutes
QUANTITÉ 4 portions

400 g (environ 1 lb) de nouilles de riz

30 ml (2 c. à soupe) d'huile végétale

2 gousses d'ail hachées

60 g (environ 1 ¾ oz) d'échalote sèche (française) émincée

15 ml (1 c. à soupe) de poudre de cari de Madras

1,25 litre (5 tasses) de bouillon de poulet

80 ml (⅓ de tasse) de beurre d'arachide

30 ml (2 c. à soupe) de sauce soya

5 ml (1 c. à thé) de sel

250 ml (1 tasse) de lait de coco

10 ml (2 c. à thé) de sucre

250 g (environ ½ lb) de hauts de cuisses de poulet cuits et effilochés

Pour la garniture :

1 lime (jus)

Coriandre fraîche hachée au goût

Sambal oelek au goût

1. Déposer les nouilles de riz dans un bol. Couvrir d'eau tiède et laisser tremper au moins 30 minutes. Égoutter.

2. Dans une casserole, chauffer l'huile à feu élevé. Cuire l'ail et l'échalote 1 minute.

3. Ajouter la poudre de cari et poursuivre la cuisson 30 secondes en remuant.

4. Ajouter le bouillon de poulet, le beurre d'arachide, la sauce soya, le sel, le lait de coco et le sucre. Porter à ébullition. Ajouter le poulet effiloché et laisser mijoter 5 minutes.

5. Dans une casserole d'eau bouillante, cuire les nouilles 30 secondes. Égoutter.

6. Répartir les nouilles, le bouillon et le poulet dans des bols. Garnir de jus de lime, de coriandre et de sambal oelek.

Soupe laksa traditionnelle au poulet

PRÉPARATION 10 minutes • **TREMPAGE** 45 minutes • **CUISSON** 42 minutes
QUANTITÉ 4 portions • ❯

400 g (environ 1 lb) de nouilles de riz

1,5 litre (6 tasses) de bouillon de poulet

200 g (environ ½ lb) de hauts de cuisses de poulet désossés sans peau (environ 3 hauts de cuisses)

30 ml (2 c. à soupe) d'huile végétale

60 ml (¼ de tasse) de pâte laksa (voir la recette à la page 19)

1 boîte de lait de coco de 398 ml

45 ml (3 c. à soupe) de sauce poisson

5 ml (1 c. à thé) de sel

15 ml (1 c. à soupe) de sucre

12 morceaux de tofu soufflé frit coupés en deux

12 boulettes de poisson surgelées, cuites

Pour la garniture :

2 œufs cuits dur coupés en deux

Sambal oelek au goût

80 ml (⅓ de tasse) de fèves germées

60 ml (¼ de tasse) de coriandre fraîche hachée

2 limes coupées en quartiers

1. Déposer les nouilles de riz dans un bol. Couvrir d'eau tiède et laisser tremper au moins 45 minutes. Égoutter.

2. Dans une casserole, verser le bouillon de poulet et 500 ml (2 tasses) d'eau. Porter à ébullition. Ajouter les hauts de cuisses dans la casserole et laisser mijoter 30 minutes à feu moyen.

3. Retirer les hauts de cuisses de la casserole et les déposer dans une assiette. Effilocher la viande et réserver au chaud. Réserver le bouillon.

4. Dans une autre casserole, chauffer l'huile à feu moyen. Cuire la pâte laksa 2 minutes en remuant, jusqu'à ce que les arômes se libèrent.

5. Ajouter le lait de coco et le bouillon réservé. Porter à ébullition. Ajouter la sauce poisson, le sel, le sucre, le tofu soufflé, le poulet effiloché et les boulettes de poisson, puis laisser mijoter 10 minutes à feu moyen.

6. Pendant ce temps, cuire les nouilles 30 secondes dans une casserole d'eau bouillante.

7. Répartir les nouilles, le bouillon, le tofu, le poulet et les boulettes de poisson dans des bols. Garnir d'œufs cuits dur, de sambal oelek, de fèves germées et de coriandre. Servir avec les quartiers de limes.

Soupe laksa aux œufs de caille

PRÉPARATION 10 minutes • **CUISSON** 7 minutes • **QUANTITÉ** 4 portions • ❯

30 ml (2 c. à soupe) d'huile végétale

60 ml (¼ de tasse) de pâte laksa (voir la recette à la page 19)

2 litres (8 tasses) de bouillon de poulet

1 boîte de lait de coco de 398 ml

45 ml (3 c. à soupe) de sauce poisson

5 ml (1 c. à thé) de sel

15 ml (1 c. à soupe) de sucre

400 g (environ 1 lb) de nouilles aux œufs

Pour la garniture :

16 œufs de caille cuits dur

100 g (3 ½ oz) de chou rouge émincé

Fèves germées au goût

Sambal oelek au goût

2 tiges de coriandre fraîche effeuillées

2 limes coupées en quartiers

1. Dans une casserole, chauffer l'huile à feu moyen. Cuire la pâte laksa 2 minutes en remuant, jusqu'à ce que les arômes se libèrent.

2. Verser le bouillon de poulet et le lait de coco dans la casserole. Porter à ébullition. Ajouter la sauce poisson, le sel et le sucre, puis laisser mijoter à feu moyen pendant la cuisson des nouilles.

3. Dans une casserole d'eau bouillante, cuire les nouilles 5 minutes. Égoutter.

4. Répartir les nouilles et le bouillon dans des bols. Garnir d'œufs de caille cuits dur, de chou, de fèves germées, de sambal oelek et de coriandre. Servir avec les quartiers de limes.

Soupe végétarienne au tofu, aubergine et haricots verts

PRÉPARATION 10 minutes • **CUISSON** 9 minutes • **QUANTITÉ** 4 portions

30 ml (2 c. à soupe) d'huile végétale

60 ml (¼ de tasse) de pâte laksa sans pâte de crevettes (voir la recette à la page 19)

2 litres (8 tasses) de bouillon de légumes

1 boîte de lait de coco de 398 ml

45 ml (3 c. à soupe) de sauce soya ou de sauce poisson

5 ml (1 c. à thé) de sel

15 ml (1 c. à soupe) de sucre

200 g (environ ½ lb) de tofu ferme coupé en dés

100 g (3 ½ oz) d'aubergine chinoise coupée en rondelles de 2 cm (¾ de po) d'épaisseur

100 g (3 ½ oz) de haricots verts coupés en tronçons

400 g (environ 1 lb) de nouilles hokkien ou de nouilles aux œufs

Pour la garniture :

80 ml (⅓ de tasse) de fèves germées

Sambal oelek au goût

2 limes coupées en quartiers

1. Dans une casserole, chauffer l'huile à feu élevé. Cuire la pâte laksa 2 minutes en remuant, jusqu'à ce que les arômes se libèrent.

2. Verser le bouillon de légumes dans la casserole, puis porter à ébullition.

3. Verser le lait de coco. Porter de nouveau à ébullition.

4. Ajouter la sauce soya, le sel et le sucre. Cuire 2 minutes.

5. Ajouter le tofu, l'aubergine et les haricots verts. Poursuivre la cuisson 5 minutes.

6. Pendant ce temps, cuire les nouilles dans une casserole d'eau bouillante selon les indications de l'emballage. Égoutter.

7. Répartir les nouilles et le bouillon dans des bols. Garnir de fèves germées et de sambal oelek. Servir avec les quartiers de limes.

Cambodgien

Beaucoup moins connues au Québec, les soupes cambodgiennes sont synonymes de réconfort, autant dans leur goût que dans leur processus de préparation. Ces soupes préparées par tant de familles cambodgiennes (la mienne, notamment !) prennent du temps à cuisiner, mais le résultat est gratifiant à chaque bouchée !

Soupe Phnom Penh

PRÉPARATION 30 minutes • **CUISSON** 2 heures 40 minutes • **QUANTITÉ** 8 portions

Pour le bouillon :

2,5 kg (environ 5 ½ lb) d'os de fesses de porc

200 g (environ ½ lb) de fesse de porc

50 g (1 ¾ oz) de crevettes séchées

50 g (1 ¾ oz) de pieuvre séchée

50 g (1 ¾ oz) de radis salés

5 tiges de coriandre fraîche (racines seulement)

45 ml (3 c. à soupe) de sel

45 ml (3 c. à soupe) de sucre

30 ml (2 c. à soupe) de sauce soya naturellement fermentée

30 ml (2 c. à soupe) de bouillon de poulet déshydraté

800 g (environ 1 ¾ lb) de nouilles de riz

Pour la garniture :

200 g (environ ½ lb) de porc haché cuit

200 g (environ ½ lb) de crevettes cuites et décortiquées

200 g (environ ½ lb) de goberge en flocons

200 g (environ ½ lb) de boulettes de poisson surgelées, cuites

4 oignons verts émincés

2 tiges de coriandre fraîche hachées

225 g (½ lb) de fèves germées

Ail frit en flocons au goût

2 limes coupées en quartiers

1. Dans une casserole, déposer les os de fesses de porc. Couvrir d'eau froide. Porter à ébullition, puis cuire 10 minutes à feu élevé. Égoutter.

2. Rincer les os de fesses à l'eau froide.

3. Dans la même casserole nettoyée, verser 5 litres (20 tasses) d'eau. Remettre les os de fesses dans la casserole. Ajouter le morceau de fesse de porc, les crevettes séchées, la pieuvre séchée, les radis salés et la coriandre pour le bouillon. Porter à ébullition, puis laisser mijoter 2 heures à feu doux-moyen, en retirant du bouillon les impuretés créées par les os plusieurs fois en cours de cuisson.

4. Ajouter le sel, le sucre, la sauce soya et le bouillon de poulet. Remuer, puis laisser mijoter 30 minutes à feu doux.

5. Pendant ce temps, déposer les nouilles de riz dans un bol. Couvrir d'eau tiède et laisser tremper 30 minutes. Égoutter.

6. Retirer le morceau de fesse de porc du bouillon et trancher la viande. Réserver.

7. Retirer les os de porc du bouillon. Jeter les os ou les conserver pour une utilisation ultérieure.

8. Dans une casserole d'eau bouillante, cuire les nouilles de riz réhydratées 20 secondes.

9. Répartir les nouilles et le bouillon dans des bols. Garnir de tranches de porc, de porc haché, de crevettes, de goberge, de boulettes de poisson, d'oignons verts, de coriandre, de fèves germées et d'ail frit. Servir avec les quartiers de limes.

Soupe aigre au bœuf (samlor machu kreung)

PRÉPARATION 25 minutes • **MARINAGE** 1 heure • **CUISSON** 1 heure 20 minutes
QUANTITÉ 6 portions • ❱❱

500 g (environ 1 lb) de faux-filet de bœuf tranché

30 ml (2 c. à soupe) d'huile de canola

1 kg (environ 2 ¼ lb) de liserons d'eau

120 ml (8 c. à soupe) de concentré de tamarin

112,5 ml (7 ½ c. à soupe) de sucre

15 ml (1 c. à soupe) de sel

45 ml (3 c. à soupe) de sauce poisson

15 ml (1 c. à soupe) de bouillon de bœuf déshydraté

750 ml (3 tasses) de riz au jasmin cuit

Pour le mélange d'épices :

12 feuilles de lime kaffir hachées finement

60 g (environ 2 ½ oz) de citronnelle hachée finement

50 g (1 ¾ oz) de pâte de cari rouge

40 g (environ 1 ½ oz) de galanga haché finement

40 g (environ 1 ½ oz) de curcuma frais haché finement

40 g (environ 1 ½ oz) d'ail haché finement

1. Dans un bol, mélanger les ingrédients du mélange d'épices. Frotter le bœuf avec le mélange d'épices, puis le déposer dans le bol. Couvrir et laisser mariner 1 heure au frais.

2. Dans une casserole, chauffer l'huile à feu élevé. Cuire le bœuf 5 minutes.

3. Verser 1,5 litre (6 tasses) d'eau dans la casserole. Porter à ébullition, puis couvrir en laissant une petite ouverture et laisser mijoter 1 heure à feu moyen.

4. Ajouter les liserons, le concentré de tamarin, le sucre, le sel, la sauce poisson et le bouillon. Porter à ébullition, puis laisser mijoter 15 minutes.

5. Répartir la soupe dans des bols. Servir avec le riz au jasmin.

Soupe au cari

PRÉPARATION 10 minutes • **CUISSON** 37 minutes • **QUANTITÉ** 4 portions • ❯

750 ml (3 tasses) de lait de coco

200 g (environ ½ lb) de pâte de cari

2,5 ml (½ c. à thé) de pâte de crevettes

5 ml (1 c. à thé) de paprika

15 ml (1 c. à soupe) de sel

37,5 ml (2 ½ c. à soupe) de sucre de palme

37,5 ml (2 ½ c. à soupe) de sauce poisson

1 kg (environ 2 ¼ lb) de hauts de cuisses désossés sans peau coupés en morceaux

15 ml (1 c. à soupe) de bouillon de poulet déshydraté

2 tiges de citronnelle écrasées

200 g (environ ½ lb) de pommes de terre sucrées batata (patates douces) pelées et coupées en cubes

500 g (environ 1 lb) d'aubergines chinoises coupées en rondelles

150 g (⅓ de lb) de haricots longs

300 g (⅔ de lb) d'oignons coupés en quartiers

150 g (⅓ de lb) de pousses de bambou tranchées

1 baguette de pain

1. Dans une casserole, porter 250 ml (1 tasse) de lait de coco à ébullition à feu moyen-élevé.

2. Réduire le feu à moyen. Ajouter la pâte de cari et la pâte de crevettes. Chauffer 1 minute en remuant.

3. Ajouter le paprika, le sel, le sucre et la sauce poisson. Cuire 1 minute.

4. Ajouter les morceaux de poulet et poursuivre la cuisson 5 minutes à feu moyen.

5. Ajouter 750 ml (3 tasses) d'eau, le bouillon de poulet, les tiges de citronnelle, le reste du lait de coco et les pommes de terre sucrées. Porter à ébullition, puis laisser mijoter 15 minutes.

6. Ajouter les rondelles d'aubergines, les haricots longs, les oignons et les pousses de bambou. Porter de nouveau à ébullition, puis laisser mijoter 15 minutes à feu doux-moyen.

7. Pendant ce temps, faire griller la baguette de pain quelques minutes au four.

8. Répartir la soupe dans des bols et servir avec la baguette de pain grillée.

Soupe à la citronnelle

PRÉPARATION 5 minutes • **CUISSON** 15 minutes • **QUANTITÉ** 4 portions

1 litre (4 tasses) de bouillon de poulet

4 tiges de citronnelle coupées en tronçons de 5 cm (2 po)

4 gousses d'ail écrasées

15 feuilles de lime kaffir

2 piments thaïs émincés (facultatif)

10 ml (2 c. à thé) de sel

30 ml (2 c. à soupe) de sucre

45 ml (3 c. à soupe) de sauce poisson

300 g (⅔ de lb) de crevettes

2 limes (jus)

Feuilles de basilic frais au goût

Oignons verts hachés au goût

750 ml (3 tasses) de riz au jasmin cuit

1. Dans une casserole, porter le bouillon de poulet à ébullition à feu moyen-élevé. Ajouter les tiges de citronnelle, l'ail, les feuilles de lime et, si désiré, les piments thaïs. Laisser mijoter 5 minutes à feu moyen.

2. Ajouter le sel, le sucre et la sauce poisson. Poursuivre la cuisson 5 minutes.

3. Ajouter les crevettes et poursuivre la cuisson 5 minutes. Ajouter le jus de lime.

4. Répartir la soupe dans des bols, puis retirer et jeter les feuilles de lime kaffir et la citronnelle. Garnir de feuilles de basilic et d'oignons verts. Servir avec le riz au jasmin.

Index des recettes

Bases

Entrées

Plats principaux

Bœuf et porc

Sauces

Accompagnement